KRAFT DER GEDANKEN

Die Methode, das Innere Kind zu heilen und negative
Gedanken zu transformieren - Der Schlüssel zum Erfolg

Von

Silke Ritzel

INHALTSVERZEICHNIS

Kraft der Gedanken 2

INHALTSVERZEICHNIS 3

DAS ZIEL DIESES BUCHES 5

EINLEITUNG 9

KAPITEL 1 14

MEIN LEBENSWEG MIT DER KRAFT MEINER GEDANKEN 14

KAPITEL 2 20

WAS SIND GLAUBENSSÄTZE? 20

KAPITEL 3 23

WIE ENTSTEHEN ÜBERZEUGUNGEN? 23

KAPITEL 4 28

WIE BEEINFLUSSEN GLAUBENSSÄTZE UNSER LEBEN? 28

KAPITEL 5 35

BEGRENZENDE ÜBERZEUGUNGEN UND WIE MAN SIE ÜBERWINDET 35

KAPITEL 6 44

POSITIVE GLAUBENSSÄTZE ZUR STÄRKUNG DES SELBSTWERTGEFÜHLS 44

KAPITEL 7 49

WIE KANN ICH MEINE ÜBERZEUGUNGEN ÄNDERN? 49

KAPITEL 8 57

MEINE GLAUBENSSÄTZE UND WERTE 57

KAPITEL 9 68

DER REICHE UND DER ARME GLAUBE....................................68

KAPITEL 10..89

ÜBERZEUGUNGEN DER ELTERN 89

KAPITEL 11...90

ARBEIT AM INNEREN KIND: HEILEN, INDEM MAN SICH SELBST
NEU ERZIEHT 90

KAPITEL 12..106

WAS IST SPIRITUALITÄT?..106

SCHLUSSFOLGERUNG 110

GLAUBENSSÄTZE BESTIMMEN IHR LEBEN..............................110

DAS ZIEL DIESES BUCHES

Ich bin Silke Ritzel, 55 Jahre alt, verheiratet und Mutter von zwei erwachsenen Kindern. Mit meinem Buch möchte ich Sie dazu anregen, über folgende Fragen nachzudenken.

Wer bin ich? Was bin ich? Was tue ich hier? Die Antworten auf diese Fragen sind tief in Ihnen verankert, und jeder hat seine eigenen Antworten.

Ich habe lange danach gesucht und erkannt, dass ich meinen Lebensstil und meine Überzeugungen ändern muss, um Antworten auf meine Fragen zu bekommen. Wie die meisten Menschen, war auch ich, im Hamsterrad unterwegs, und hatte keine Ahnung, dass für mich, und jeden von uns, ein ganz anderer Weg vorgesehen ist. Ich muss den Sinn meines Lebens entdecken.

Bevor ich aufwachte, trat ein tragisches Ereignis in meinem Leben. Ab diesen Moment wurde mir klar, dass ich mich von meinem TV-Gerät verabschieden muss, um mehr Zeit für die wichtigen Dinge im Leben zu haben, und um

Wahrheiten zu finden, denn wir sind viel mächtiger, als wir denken.

Ich begann mich, mehr und mehr, zu verändern. Ich wurde unabhängig von allem, was wirkte, seien es Medikamente, Nikotin, Kaffee oder sonstiges, und ich stellte auch meine Ernährung auf eine vegane um. Durch diese Umstellung wurde ich ein anderer Mensch. Meine Sinne wurden viel intensiver und ich bin glücklicher und gesünder, als je zuvor.

Vor etwa drei Jahren beschloss ich, auf den Philippinen zu ziehen. Ich konnte leider keinen von meiner Familie davon überzeugen, und so trennten sich, schweren Herzens, unsere Wege. Es war eine schwere und harte Entscheidung für mich, alles zurückzulassen, sei es die Familie, die Freunde, mein ganzes Hab und Gut, einfach alles, doch mich konnte niemand mehr aufhalten. Die Entscheidung war gefallen.

Ab dieser Zeit folgte ich nur noch meinem Herzen und ging mutig meinen eigenen Weg.

Als ich zum ersten mal auf den Philippinen, dem freundlichsten Land der Welt, ankam, hatte ich das Gefühl, schon immer hierher zu gehören, und ich baute mir hier ein neues Leben auf. Ich beschäftigte mich, mehr und mehr, mit meinem eigenen "Ich" und was der Sinn meines Lebens ist.

Mein Buch soll Sie dazu inspirieren, Ihre alten, negativen Glaubenssätze in neue zu verwandeln. Sie werden schnell bemerken, dass sich Ihr Leben zum Besseren wendet. Ich garantiere Ihnen auch, dass sich diese innere Arbeit lohnt, und Sie werden es nicht bereuen.

Lesen Sie dieses Buch, wenn Sie bereit sind, sich von alten Fesseln zu befreien und ein glückliches, selbstbestimmtes Leben zu führen.

EINLEITUNG

Denken ist der geistige Prozess, bei dem Verbindungen hergestellt werden, um der Welt einen Sinn zu geben, die nur aus einer Reihe von elektrochemischen Reaktionen besteht. Wenn ein Neuron feuert, bedeutet das nichts, aber wenn viele gleichzeitig feuern, entsteht ein Gedanke. Je mehr Neuronen feuern, desto mehr Ideen, Konzepte und Überzeugungen entstehen. Ein Glaube ist ein Gedanke, über den mehr als einmal nachgedacht wurde. Aufgrund der durch Assoziationen gebildeten Muster beeinflussen unsere Überzeugungen, wie wir auf Reize oder Situationen reagieren.

Emotionen sind das Bindeglied zwischen Gedanken und der Art und Weise, wie sie die Realität formen. Was Sie normalerweise denken, beeinflusst, wie Sie sich fühlen, und damit auch, was Sie tun. Auf diese Weise entstehen Muster, die bald zur Idee oder zur akzeptierten Norm in Ihrem Leben werden. Wenn Sie an etwas glauben, suchen Sie unbewusst nach Beweisen für Ihre Überzeugungen, und wenn Sie es nicht merken, läuft Ihr Leben auf Autopilot, bis Sie herausfinden, was los ist. Sie glauben vielleicht, dass Sie nicht klug sind, und jedes Mal, wenn Sie einen kleinen Fehler machen, bringen Sie ihn mit der Vorstellung in Verbindung, dass Sie nicht klug sind. Diese Art von Verbindung stellen Sie mit allem her, was Sie sehen und hören, und sie ist die Grundlage dessen, was Sie sind. Und daran ist nichts auszusetzen, außer dass Sie den Dingen, die in Ihrem Leben geschehen sind, eine Bedeutung geben, die normalerweise selbstironisch ist.

Der Pygmalion-Effekt ist die Vorstellung, dass hohe Erwartungen von anderen und von einem selbst zu guten Leistungen führen. In seinem Artikel aus dem Jahr 1969 schreibt J. Sterling Livingston, dass die hohen Erwartungen von Managern und Lehrern an ihre Angestellten und Schüler letztendlich auch erfüllt werden. Er sagt auch, dass Manager neuen Mitarbeitern besondere Aufmerksamkeit schenken und sie mit den richtigen Chefs zusammenbringen sollten, um die richtigen Erwartungen zu wecken. Damit wird der Grundstein für langfristige Produktivitätssteigerungen gelegt.

Der bekannte Placebo-Effekt beweist, dass das, woran wir glauben, tatsächlich das verändert, was mit uns geschieht. Ellen Langer, eine Psychologin in Harvard, führte eine Studie mit Hotelzimmermädchen durch, die sich beruflich viel bewegen mussten. Sie fand heraus, dass etwa 67 % dieser Frauen glaubten, sie würden sich nicht bewegen. Obwohl sie jeden Tag Sport trieben, zeigte ihr Körper keine Verbesserungen. Also teilte die Versuchsperson die Frauen in zwei Gruppen auf. Die eine Gruppe wurde über die täglichen Bewegungsanforderungen informiert, die andere nicht. Die informierte Gruppe hatte einen niedrigen Blutdruck, verlor an Gewicht und hatte das richtige Verhältnis von Taille zu Hüften. In einem anderen Fall wurde einer Frau, die an Übelkeit litt, ein starkes Medikament verabreicht, das angeblich magisch wirken und die Übelkeit heilen sollte. Sie fühlte sich tatsächlich besser, aber das ihr verabreichte Medikament, Brechwurzel, ist dafür bekannt, dass es Menschen krank macht, anstatt sie zu heilen. Es war nicht das Medikament selbst, sondern die Art und Weise, wie es ihr von einer Autoritätsperson präsentiert wurde, und die starke Suggestion, dass sie sich dadurch besser fühlen würde, die biochemische Reaktionen auslösten. Wir können also sagen, dass das, was Sie denken, Ihre Erfahrung beeinflusst.

Der Verstand kann nicht unterscheiden zwischen dem, was real ist, und dem, was erfunden ist. Wenn Sie an einen bestimmten Reiz denken, bildet Ihr Gehirn dasselbe Muster von Nervenzellen, das es bildet, wenn Sie ihn sehen. Aus diesem Grund geht es in vielen Lehren über das Gesetz der Anziehung darum, sich das Gewünschte vorzustellen, zu visualisieren und zu fühlen. Wenn Sie genug über etwas nachdenken, wird es zu einer Überzeugung, und durch eine geheimnisvolle Kraft wird es wahr.

Wenn Sie Ihr Gehirn trainieren können, anders zu denken und Ihre Überzeugungen zu ändern, können Sie alles haben, was Sie wollen. Wenn man sich einer Sache sicher ist, wie die Frau, die ihre Krankheit durch die Einnahme eines Medikaments loswurde, das sie krank machte, erwartet man, dass sie eintritt. Wenn Sie einer Sache Ihre Aufmerksamkeit schenken, erhöhen Sie die Wahrscheinlichkeit, dass sie in Ihrem Leben eintritt. Wenn Sie zum Beispiel mehr Geld verdienen wollen, ist es sinnvoll, sich auf Gelegenheiten zu konzentrieren, die Ihnen dabei helfen werden. Es heißt, dass die Energie dorthin fließt, wohin Ihre Aufmerksamkeit geht. Das Tolle daran ist, dass Sie wählen können, worauf Sie Ihre Aufmerksamkeit richten. Die Realität kann verändert werden, auch wenn die meisten Menschen glauben, dass das Leben fließt und die Dinge geschehen.

KAPITEL 1

MEIN LEBENSWEG MIT DER KRAFT MEINER GEDANKEN

Wahrscheinlich haben Sie schon mehr als einmal gesagt: "Ich wusste, dass es so kommen würde". War es ein Zeichen, oder haben Sie so gedacht, und die Dinge haben sich so entwickelt?

Denken Sie an ein paar Ereignisse in Ihrem Leben und erinnern Sie sich daran, was Sie gedacht haben, bevor sie eintraten. Sie werden überrascht sein, dass es oft eine Verbindung zwischen Ihren Gedanken und den Ereignissen gab. Es mag Ihnen schwer fallen, das zu glauben, aber Ihre Gedanken haben Macht. Die Gedanken, die wir immer wieder denken, wirken sich darauf aus, wie wir reagieren und fühlen, was wir tun und wie wir reagieren, sowie auf unser Leben und die Menschen um uns herum.

Wie wir denken, bestimmt, wie wir leben.

Das bedeutet, dass wir mit unseren Gedanken vorsichtig sein sollten, insbesondere mit denen, die wir wiederholt denken. Ein einziger Gedanke reicht nicht aus, um eine bedeutende Wirkung in unserem Leben zu erzielen. Wenn wir jedoch immer wieder denselben Gedanken wiederholen, wird er an Kraft gewinnen, sich verstärken und unser Leben beeinflussen.

Wenn wir denselben Gedanken wiederholt haben, hinterlässt er einen starken Eindruck in unserem Unterbewusstsein, das dann daran arbeitet, diesen Gedanken in unserem Leben wahr werden zu lassen. Gedanken sind wie Filme, die wir in unserem Kopf sehen. Wenn wir uns immer wieder denselben Film in unserem Kopf anschauen, wird er in unserem Leben auftauchen und wahr werden.

Wie Sie Ihre Gedanken nutzen, um Ihr Leben zu verändern

Ihre Gedanken können Ihr Leben formen, Ihnen helfen, Veränderungen vorzunehmen und Dinge zu verbessern. Sie sollten aufhören, an das zu denken, was Sie nicht wollen, und anfangen, an das zu denken, was Sie wollen. Es ist, als würden Sie in Ihrem Kopf einen neuen Film sehen, der Ihnen besser gefällt als der, den Sie gerade sehen.

Der neue mentale Film wird Ihre Handlungen, Gedanken und Ihr Verhalten mit der Zeit verändern. Er wird auch Menschen, Situationen und Ereignisse in Ihr Leben bringen, die zu Ihren neuen Ideen passen. Sie sollten jedoch bedenken, dass ein einziger Gedanke nicht stark genug ist, um Ihr Leben zu verändern. Wenn Sie immer wieder denselben Gedanken haben, wird er mit der Zeit stärker werden und Ihr Leben verändern.

Wenn Sie immer wieder denselben Gedanken haben, setzt er sich in Ihrem Unterbewusstsein fest und beginnt, Ihr Leben und sogar die Welt um Sie herum zu verändern. Das Schönste an dieser Strategie ist, dass Sie sich nicht anstrengen müssen, damit sie funktioniert. Sie müssen nur die Gedanken auswählen, die Sie manifestieren wollen, und sie in Ihrem Kopf wiederholen.

Wie Sie die Energie und Kraft Ihrer Gedanken nutzen können

Sie möchten die Tatsache ändern, dass Sie schüchtern sind, wenn Sie neue Menschen treffen. Sich selbst zu zwingen, mit Menschen zu sprechen, funktioniert nicht immer, und es könnte dazu führen, dass Sie sich unbehaglich fühlen und sich seltsam verhalten.

Es gibt einen besseren Weg, wie Sie Ihr Verhalten ändern können. Mit Hilfe der Visualisierung können Sie Ihr Verhalten und Ihre Handlungen ändern. Mit Hilfe von Visualisierungstechniken können Sie Ihr Leben verändern, indem Sie die große Macht Ihrer Gedanken nutzen.

Wie man mit Visualisierung Gewohnheiten ändern kann

Wenn Sie Ihre Schüchternheit ablegen wollen, stellen Sie sich vor, dass Sie sich selbstbewusst fühlen und leicht mit anderen sprechen können. Das ist wie Tagträumen, das einfach ist und Spaß macht und nicht viel Arbeit macht. Was Sie tun müssen, ist:

Stellen Sie sich vor, dass Sie leicht und selbstbewusst sprechen können. Stellen Sie sich vor, wie leicht es Ihnen fällt zu sprechen, wie gerne Sie sich ausdrücken und wie jeder Ihnen aufmerksam zuhört.

Wenn Sie diese Methode anwenden, machen Sie sich ein Bild von dem, was Sie erreichen wollen, in Ihrem Kopf.

Fügen Sie Details, Farben, Geräusche, Gerüche und Aktionen zu diesen mentalen Szenen hinzu. Wenn Sie sie oft sagen, an sie glauben und ihnen Aufmerksamkeit schenken, wird Ihr Unterbewusstsein Ihnen helfen, sie auf natürliche Weise zu verwirklichen.

Auf diese Weise können Sie:

• Schlechte Gewohnheiten loswerden und neue schaffen;

• neue Fähigkeiten und Fertigkeiten erlernen;

• Ihre Situation verändern;

• bekommen, was Sie wollen.

Sie können einen neuen Job bekommen, Ihre Beziehungen verbessern, mehr Geld verdienen oder Ihr Leben verbessern, indem Sie die Macht Ihrer Gedanken nutzen.

Veränderungen wie diese geschehen nicht auf einmal. Sie brauchen Zeit und hängen davon ab, wie ernst Sie Ihre Bemühungen nehmen und wie viel Zeit und Gedanken Sie in Ihr neues Denken stecken.

Auch wenn es sich um geistige Arbeit handelt, lehnen Sie sich nicht einfach zurück und warten auf Ergebnisse. Sie sollten aufgeschlossen bleiben und bereit sein, zu handeln, wenn es nötig ist.

Entscheiden Sie, was Sie erreichen wollen, und denken Sie dann oft oder zu bestimmten Zeiten am Tag daran. Diese wiederholten Gedanken werden sich verstärken und schließlich die Bedingungen und Ereignisse herbeiführen, die Ihrem Denken entsprechen.

Gedanken haben wirklich Macht. Wahrscheinlich haben Sie das schon oft getan, ohne sich dessen bewusst zu sein. Aber wenn Sie wissen, wie sie funktionieren und wie Sie sie gezielt einsetzen können, können Sie Ihr Leben verändern, verbessern und in die Hand nehmen.

KAPITEL 2

WAS SIND GLAUBENSSÄTZE?

Der Glaube einer Person ist eine Idee, die sie für wahr hält.

Der Glaube einer Person kann auf Dingen beruhen, die sie sicher weiß, wie mathematische Prinzipien, oder auf Dingen, an die sie glaubt. Ein Glaube kann aus vielen Bereichen stammen, wie z. B.:

- Die Akzeptanz kultureller und gesellschaftlicher Normen (wie Religion);

- Das, was andere Menschen sagen (z. B. durch Erziehung oder Mentoren).

Der mögliche Glaube einer Person bleibt bei ihr, bis sie ihn als wahr akzeptiert und zu ihrem eigenen Glaubenssatz hinzufügt. Jede Person prüft diese möglichen Überzeugungen und versucht, gute Gründe oder Beweise zu finden. Wenn jemand eine Überzeugung als wahr akzeptiert und bereit ist, für sie zu kämpfen, sagen wir, dass sie Teil seines Glaubenssystems ist.

Was ist ein persönlicher Wert?

Werte sind feste Überzeugungen darüber, was einer Person wichtig ist, die sich im Laufe der Zeit nicht ändern. Sie werden zu den Regeln, nach denen Menschen ihr Leben planen und entscheiden, was sie tun wollen. Die Überzeugung einer Person wird dann wertvoll, wenn sie sich ihr stärker verpflichtet fühlt und sie als wichtig erachtet.

Überzeugungen können in verschiedene Werte eingeteilt werden, z. B. in solche, die mit Glück, Geld, Erfolg im Beruf oder der Familie zu tun haben. Um klare, rationale, verantwortungsvolle und konsistente Entscheidungen zu treffen, muss eine Person ihre Werte erklären können.

Was ist eine Einstellung?

Einstellungen sind das, was Menschen über andere und die aktuelle Situation denken, bevor sie Entscheidungen treffen, die zu einem Verhalten führen. Die Einstellungen der Menschen beruhen meist auf ihren Grundwerten und Überzeugungen.

Aber auch Dinge, die eine Person vielleicht nicht als

Überzeugungen und Werte verinnerlicht hat, können sich auf ihre Gefühle auswirken, wenn sie eine Entscheidung trifft. Der Wunsch, zu gefallen, politisch korrekt zu sein, Bequemlichkeit, Gruppenzwang und psychologische Stressfaktoren sind allesamt häufige Einflüsse.

Wenn Menschen nicht über ihre Überzeugungen und Werte nachgedacht haben, ist es wahrscheinlicher, dass diese Einflüsse ihre Meinung ändern. Zu diesem Prozess gehört auch das Nachdenken über die Regeln, die ihnen helfen könnten, eine gemeinsame Basis zu finden oder zu entscheiden, welche Werte wichtiger sind. Mangelnde Selbsterkenntnis oder kritische Einsicht sowie Ambivalenz oder Unsicherheit in Bezug auf Werte können es erschweren, gute Entscheidungen zu treffen, und zu schlechtem Verhalten führen.

KAPITEL 3

WIE ENTSTEHEN ÜBERZEUGUNGEN?

Was Ihnen in Ihrer Jugend widerfahren ist, und Ihre Lebenserfahrungen können Ihre heutige Selbstwahrnehmung und die Art und Weise, wie Sie die Welt um sich herum interpretieren, prägen. Diese Dinge prägen Ihre Grundüberzeugungen, die in der Regel universell und unveränderlich sind. Eltern, Kultur und Umfeld haben großen Einfluss darauf, wie wir von Geburt an denken und glauben. Unsere Gedanken, Gefühle, Werte, Gewohnheiten und Reaktionen auf Reize beruhen alle auf unseren Überzeugungen. Die ersten sieben Jahre eines Kindes sind die wichtigsten. In diesen Jahren lernt ein Kind, die Welt zu sehen und zu verstehen. Nach dem siebten Lebensjahr verändern die Lebenserfahrungen, wie das Unterbewusstsein aufgebaut ist. Wir erhalten sie durch das, was andere Menschen zu uns sagen, was wir in den Nachrichten hören, was wir lesen und alles andere, was von außen kommt. Überzeugungen sind nicht voneinander getrennt. Diese Überzeugungen sprechen miteinander, verändern sich und bilden als Ganzes ein System. Wenn Menschen wachsen und sich verändern, verändern sich auch ihre Glaubenssysteme. Auf diese Weise stellen die Menschen sicher, dass sie leben werden. Überzeugungen können uns sagen, wie wir unser Leben genießen und leben sollen, im Guten wie im Schlechten. Diese Vorstellungen lernt man als Kind, und sie bleiben einem auch als Erwachsener erhalten (wie Klebstoff!).

Wie treiben uns diese Überzeugungen an?

Unser Verstand besteht aus zwei Teilen. Den Verstand des Bewusstseins und den Verstand des Unterbewusstseins. Man hat festgestellt, dass 95 % unserer Reaktionen auf die Außenwelt, die wir mit unseren fünf Sinnen wahrnehmen, von unserem Unterbewusstsein gesteuert werden. Unser bewusster Verstand, der für die Logik zuständig ist, spielt nur eine 5 %ige Rolle bei der Verarbeitung von Reizen und der Entscheidung, wie wir reagieren oder handeln sollen. Die Überzeugungen, die wir im Laufe unseres Lebens erworben haben, prägen diesen Teil unseres Verstandes. Diese

Überzeugungen lassen uns fühlen, und wenn wir fühlen, handeln wir.

Stammesdenken und religiöser Fundamentalismus sind tief verwurzelte Überzeugungen, die zu gewalttätigem oder verrücktem Verhalten führen können. Wenn Menschen in ihren Überzeugungen feststecken und sie nicht ab und zu in Frage stellen, wird das Problem gefährlich. Unsere Überzeugungen leiten uns auch in unserem sozialen und politischen Leben. Der Ansatz der Gewaltlosigkeit, den Martin Luther King Jr. vertrat, veränderte den Schwerpunkt der Bürgerrechtsbewegung und trug zum Civil Rights Act von 1968 bei. Die Menschen haben Schulsysteme, weil sie glauben, dass Bildung die Menschen klüger machen kann. Nehmen wir die Tatsache, dass Sie gerade eine Pause hinter sich haben, als Beispiel. Ihre Überzeugungen haben sich vielleicht geändert. Nachdem Sie etwas Schmerzliches erlebt haben, haben Sie vielleicht andere Vorstellungen von sich selbst und der Welt.

Es gibt Zeiten, in denen deine Gefühle deine Überzeugungen beeinflussen, aber wenn sie gleich bleiben, wirst du wahrscheinlich nicht in der Lage sein, eine befriedigende Beziehung zu führen. Sie werden von

Menschen verletzt werden, die Ihnen nichts getan haben. Es ist wichtig, sich daran zu erinnern, dass wir nicht dauerhaft verändern wollen, wie andere uns sehen. Versuchen Sie immer, die Dinge von einem ausgewogenen Standpunkt aus zu sehen.

Die Liebe der Menschen kann sich mit der Liebe Gottes verbinden und sich auf ihre Ebene erheben. Dann werden Sie glücklicher und zufriedener sein als jemand mit dem ersten Satz.

Können wir die Glaubenssätze umprogrammieren?

Wie wir bereits gesagt haben, stehen Ihre Kernüberzeugungen nicht für sich allein. Vielmehr arbeiten sie zusammen und verstärken sich gegenseitig. Wenn sich eine Überzeugung ändert, ändert sich auch das ganze System. Wenn es sich um eine Kernüberzeugung handelt, könnte eine Änderung dazu führen, dass das System zusammenbricht. Wenn sich eine Reihe bestimmter Überzeugungen ändert, müssen andere Teile des Systems umgestellt werden, damit das System wieder funktioniert. Wissenschaftler haben gezeigt, dass wir, wenn wir unsere Gedanken und Überzeugungen ändern, unseren Zellen ganz andere Botschaften senden und ihr Verhalten ändern. Wenn

Sie sich in Achtsamkeit und Dankbarkeit üben, können Sie Ihre Zellen dauerhaft von Pessimismus zu mehr Optimismus verändern. Um Ihre Situation zu verbessern, müssen Sie also Ihre Sicht der "Realität" ändern, indem Sie Ihre Überzeugungen ändern. Um zu ändern, wie unser Leben verläuft, müssen wir ändern, wie wir denken.

KAPITEL 4

WIE BEEINFLUSSEN GLAUBENSSÄTZE UNSER LEBEN?

Es gibt drei Möglichkeiten, wie das, was Sie glauben, Ihre Erfahrungen verändern kann.

1. Ihre Überzeugungen beeinflussen, wie Sie handeln.

Überzeugungen können die Realität auf eine einfache Weise verändern, die keine Quantenphysik erfordert: Sie können das Verhalten der Menschen verändern. Wenn Sie z. B. glauben, dass Sie gut genug sind, um Ihren Traumjob zu bekommen, und dass Sie ihn verdient haben, werden Sie wahrscheinlich eher darauf achten und nach Möglichkeiten suchen, die Ihnen helfen, diesen Job zu bekommen. Außerdem haben Sie bessere Chancen, in einem Vorstellungsgespräch gut abzuschneiden. Die gängige Meinung ist, dass zu viel Selbstvertrauen nach hinten losgehen kann, aber Untersuchungen zeigen, dass es sogar hilfreich sein kann: Menschen, die zu selbstsicher sind, wirken in der Regel sozial kompetenter und stehen auf der sozialen Leiter höher, selbst wenn die Menschen, die sie beurteilen, wissen, wie gut sie sind.

Überzeugungen können sich auch darauf auswirken, wie Menschen mit ihrer Gesundheit umgehen. Das Vertrauen in die eigenen Fähigkeiten erhöht nachweislich die Wahrscheinlichkeit, dass man sich gesundheitsfördernd verhält, z. B. in Bezug auf Ernährung und Bewegung. Der Positivität sind jedoch auch Grenzen gesetzt: Wenn Menschen negativ über sich denken, z. B. wenn sie sich Sorgen machen, dass sie krank sein könnten, neigen sie Studien zufolge dazu, sich besser um ihre Gesundheit zu kümmern. Wenn Menschen sich ihrer Gefahren nicht bewusst sind, sind sie möglicherweise nicht motiviert, gesunde Entscheidungen zu treffen.

Man kann starke Überzeugungen in Bezug auf die eigene grundlegende Identität haben. Während Schuldgefühle (dass man etwas Falsches getan hat) einen zur Wiedergutmachung motivieren können, zeigen Studien, dass Schamgefühle (dass man ein schlechter Mensch ist) nach hinten losgehen können und die Wahrscheinlichkeit einer Wiedergutmachung noch weiter verringern. Ebenso gibt es einige Beweise dafür, dass es effektiver ist, den Charakter zu loben als das Verhalten, um gutes Verhalten zu fördern. In einer Studie wurde festgestellt, dass Kinder, denen gesagt wurde, dass sie an einer guten Tat beteiligt waren (z. B. ihre Murmeln mit weniger glücklichen Kindern zu teilen), in der Folge noch mehr gute Taten vollbrachten als Kinder, deren Verhalten nur gelobt oder überhaupt nicht gelobt wurde.

2. Was Sie glauben, hat Einfluss darauf, wie andere Menschen handeln.

Ihre Überzeugungen können Ihre Realität verändern, indem sie Ihr eigenes Verhalten und das Verhalten anderer Menschen, seien es enge Freunde oder völlig Fremde, beeinflussen. In einer bekannten Studie wurde Männern gesagt, dass eine Frau, mit der sie telefonierten, entweder attraktiv oder nicht attraktiv sei. Außenstehende Beobachter hörten sich die Aufnahmen an und stellten fest, dass die Frauen, die als attraktiver eingeschätzt wurden, im weiteren Verlauf des Gesprächs freundlicher und sympathischer wurden als die, die als weniger attraktiv eingeschätzt wurden. Dies deutet darauf hin, dass die Erwartungen der Teilnehmer die Wahrnehmung ihrer Gesprächspartnerin beeinflussten und sie veranlassten, sich so zu verhalten, dass ihre Erwartungen bestätigt wurden. Dies wurde auch in verschiedenen anderen Situationen beobachtet, z. B. wenn Lehrer und Schüler miteinander sprechen.

Ihre Überzeugungen können auch dazu führen, dass Ihr romantischer Partner ähnlich handelt. Untersuchungen haben gezeigt, dass Menschen, die ihren Partner in einem idealisierteren Licht sehen, als ihr Partner sich selbst sieht, eher zusammenbleiben, mit ihrer Beziehung glücklicher sind und weniger Konflikte haben. Wie kann das sein? Ein Grund dafür ist, dass Idealisierer ihren Partnern ein Gefühl der Sicherheit geben und ihnen ein besseres Gefühl für die Beziehung vermitteln. Partner, die sich sicherer fühlen, verhalten sich ihrerseits eher freundlich und hilfsbereit, was die Beziehung befriedigender macht. Während eines Konflikts verhalten sich Menschen, die die Feindseligkeit ihrer Partner überschätzen, mit größerer Wahrscheinlichkeit so, dass ihre Partner noch feindseliger werden und sie zurückweisen.

3. Was man glaubt, kann sich auf die eigene Gesundheit auswirken.

Gesundheit und Krankheit werden von vielen verschiedenen Faktoren beeinflusst, die in Wechselwirkung zueinander stehen. Viele dieser Faktoren lassen sich nicht beeinflussen, z. B. Ihre Gene, die Belastung durch Umweltgifte, Traumata in der Vergangenheit sowie die sozialen und wirtschaftlichen Umstände. Die Forschung zeigt jedoch, dass auch Überzeugungen eine Rolle spielen. In einer Studie lebten Erwachsene mittleren Alters, die positivere Gedanken über das Älterwerden hatten, durchschnittlich 7,6 Jahre länger als diejenigen, die eher negative Gedanken hatten. Dies galt selbst dann, wenn der aktuelle Gesundheitszustand der Teilnehmer und andere Risikofaktoren berücksichtigt wurden. In mehreren anderen Studien wurde festgestellt, dass optimistischere Menschen seltener an Herzkrankheiten erkranken, selbst wenn andere Risikofaktoren berücksichtigt wurden.

Die Forschung über den Placebo-Effekt zeigt ebenfalls den Zusammenhang zwischen Überzeugungen und Gesundheit. Selbst wenn es sich bei einer Behandlung nur um eine Zuckerpille handelt, reicht die Tatsache, dass jemand glaubt, dass sie wirkt, manchmal aus, damit sie wirkt. Auch wenn der Placebo-Effekt meist in subjektiven Berichten über Symptome zum Ausdruck kommt, selbst wenn es keine entsprechenden körperlichen Veränderungen gibt, gibt es Hinweise auf einige objektive, messbare Wirkungen: Zum Beispiel können Placebos die Art und Weise verändern, wie das Gehirn auf Schmerzen reagiert, und es wurde nachgewiesen, dass sie den Dopaminspiegel bei Menschen mit Parkinson-Krankheit erhöhen, was die Symptome vorübergehend lindern kann.

Wie können Sie Ihren Glauben nutzen, um Ihr Leben zu verbessern? Sie können Dinge tun, die Ihre gewohnte Denkweise verändern, z. B. ein Dankbarkeitstagebuch führen oder meditieren lernen. Diese Gewohnheiten können Ihnen helfen, die guten Dinge in Ihrem Leben zu sehen und zu schätzen und verhindern, dass Sie in negativen, wenig hilfreichen Gedanken stecken bleiben. Zweitens können Sie klare Pläne machen, wie Sie jeden Tag angehen wollen, und versuchen, so zu handeln, dass diese Pläne eingehalten werden. Selbst wenn die Dinge nicht so laufen, wie Sie es sich wünschen, werden Sie wissen, dass Sie sich in die richtige Richtung bewegen und die Kraft nutzen, die Sie haben.

KAPITEL 5

BEGRENZENDE ÜBERZEUGUNGEN UND WIE MAN SIE ÜBERWINDET

Haben Sie schon einmal gedacht: "Das kann ich nicht gut, also sollte ich es nicht tun?" Diese Überzeugungen beruhen häufig auf Negativität und Angst und hindern uns daran, neue Möglichkeiten zu erleben.

Sie sind nicht allein, wenn Sie ähnliche Gedanken haben. Viele Berufstätige, darunter auch Unternehmer, kämpfen mit selbsteinschränkenden Überzeugungen, die ihren potenziellen Erfolg im Keim ersticken. Der Schlüssel liegt darin, zu lernen, einschränkende Glaubenssätze zu erkennen und zu überwinden.

Einschränkende Überzeugungen in der Teamarbeit können sich auf alles auswirken, von der Kultur über die Gesamtleistung bis hin zur Effizienz des Teams. Wir haben die zehn wichtigsten einschränkenden Glaubenssätze ermittelt und geben Tipps für den täglichen Umgang mit ihnen.

Was genau sind einschränkende Glaubenssätze?

Einfach ausgedrückt ist ein einschränkender Glaube eine Vorstellung oder ein Denkprozess, den Sie über sich selbst haben und der Ihnen Einschränkungen auferlegt. Diese Überzeugungen sind oft unbegründete Kritik, die man an sich selbst übt, und können zu unerwünschten Ergebnissen führen.

Selbsteinschränkende Überzeugungen können einen Menschen daran hindern, Gelegenheiten zum persönlichen und beruflichen Wachstum zu nutzen. Zum Beispiel fühlen Sie sich vielleicht verletzlicher, wenn Sie in der Öffentlichkeit sprechen müssen. Der Grund dafür sind falsche Annahmen über Ihre Kommunikationsfähigkeiten.

Der negative Ausblick, der sich aus dem Festhalten an einschränkenden Überzeugungen ergeben kann, kann sich verheerend auf Ihre geistige Gesundheit und Ihre Fähigkeit auswirken, neue Möglichkeiten und Lebenserfahrungen zu nutzen. Deshalb ist es wichtig, sich der eigenen Vorurteile bewusst zu werden und ein Gefühl des Selbstwerts zu entwickeln. Jedes Mal, wenn Sie zulassen, dass Ihre

Vorurteile gegenüber anderen Menschen die Zusammenarbeit behindern, leidet die Qualität Ihrer Arbeit.

Die Auswirkungen von selbsteinschränkenden Überzeugungen

Die destruktiven Auswirkungen von einschränkenden Überzeugungen und negativem Denken auf die Innovation und die Moral am Arbeitsplatz können gar nicht hoch genug eingeschätzt werden. Nehmen wir an, Sie entwickeln ein neues Verfahren, sind aber zu zaghaft, um einen verbesserten Ansatz vorzuschlagen. Mit ziemlicher Sicherheit wird das Ergebnis nicht originell sein.

Wenn Sie eine Führungsrolle innehaben, ist die Auseinandersetzung mit den einschränkenden Überzeugungen Ihrer Teammitglieder ein Schlüssel zur Entfesselung ihrer Kreativität und Motivation. Wenn Menschen sich weigern, solche vorgefassten Meinungen loszulassen, schränken sie ihre Kreativität und ihre Fähigkeit, einen Beitrag zur Gesellschaft zu leisten, ein. Der größte Hemmschuh für den Teamerfolg ist, dass man nicht mit neuen Ansätzen aufwartet.

Es sind diese gewagten Momente, in denen echtes

Wachstum stattfindet, und jedes Teammitglied muss genug an sich selbst glauben, um Grenzen zu überschreiten. Deshalb ist es wichtig, positives Denken zu fördern, um Ihr Team zu befähigen, sein Bestes zu tun und zu geben.

Zehn Beispiele für häufige einschränkende Glaubenssätze

Einschränkende Glaubenssätze sind alle selbstabwertenden Gedanken, die Sie daran hindern, sich als Individuum weiterzuentwickeln. Wenn Sie die häufigsten einschränkenden Überzeugungen kennen, von verbalen Überzeugungen bis hin zu Körpersprache und Verteidigungsmechanismen, können Sie sie leichter erkennen, wenn sie auftreten.

Im Folgenden finden Sie zehn gängige Beispiele für einschränkende Überzeugungen, die Sie am Arbeitsplatz erkennen und korrigieren sollten, um an Ihrer Selbstverbesserung zu arbeiten:

- Ich bin nicht qualifiziert: "Ich bin nicht qualifiziert, dieses Projekt zu leiten."

- Ich bin zu alt oder zu jung, um eine Führungskraft zu sein: "Ich bin zu jung, um eine Führungskraft zu sein."

- Ich habe keine Zeit, um in mich selbst zu investieren: "Ich habe keine Zeit, um in mich selbst zu investieren."

- Ich bin nicht intelligent genug: "Ich bin nicht intelligent genug, um diese Sitzung zu leiten."

- Mir fehlt es an Erfahrung: "Mir fehlt die Erfahrung für diesen bedeutenden Karrierewechsel."

- Ich werde nie erfolgreich sein: "In meiner Branche werde ich nie erfolgreich sein."

- Ich bin nicht wohlhabend: "Ich bin nicht wohlhabend genug, um mein Leben zu genießen."

- Ich werde nie zu den Besten gehören: "Ich werde nie zu den Besten des Teams gehören."

- Ich bin nicht begabt: "Ich bin nicht talentiert genug, um aufzusteigen."

- Ich kann nie ein großer Anführer sein: "Aufgrund meines mangelnden Selbstvertrauens werde ich nie ein großer Anführer sein."

Diese Art von Überzeugungen entspringen der Angst, und jeder hat sie. Das Ziel ist es, zu lernen, wie man einschränkende Glaubenssätze erkennt und bekämpft, damit sie einen nicht davon abhalten, sich aus der eigenen Komfortzone herauszuwagen.

Vielleicht sind Sie versucht, sich einzureden, dass Sie nicht gut genug sind oder nie gut genug sein werden, um sich selbst zu schützen, aber diese Überzeugungen hindern Sie letztlich daran, sich selbst und Ihr Team zu befähigen, das Beste zu geben.

Der Trick besteht darin, sich seiner eigenen einschränkenden Überzeugungen bewusst zu werden und dieses Bewusstsein zu nutzen, um die Art und Weise, wie Sie über sich selbst denken, zu ändern. Sie können auch Ihre Team-Management-Fähigkeiten verbessern, indem Sie andere dazu ermutigen, das Gleiche zu tun.

Welche Faktoren tragen zu einschränkenden Überzeugungen bei?

Der Versuch Ihres Gehirns, Sie vor weiterem Schmerz zu schützen, ist die Ursache für einschränkende Überzeugungen, die durch viele verschiedene Faktoren angeheizt werden. Zu den Auslösern gehören Ängste, das Imposter-Syndrom und traumatische Erfahrungen.

Diese selbstzerstörerischen Vorstellungen bilden sich in

der Regel in jungen Jahren heraus und verändern sich dann, wenn Sie neue Informationen und Perspektiven kennen lernen. Unabhängig davon, ob Sie ein traumatisches Erlebnis hatten, das Ihnen Angst vor erneuten Begegnungen oder vor der Zukunft gemacht hat, können einschränkende Überzeugungen Sie daran hindern, optimistischere Überzeugungen zu entwickeln.

Herauszufinden, woher Ihre selbsteinschränkenden Vorstellungen stammen, ist ein erster wichtiger Schritt, um Ihre Weltsicht zu ändern. Aber es gibt noch andere Möglichkeiten, Ihre Ängste am Arbeitsplatz zu überwinden.

Wie Sie Ihre einschränkenden Überzeugungen überwinden

Die Überwindung einschränkender Überzeugungen ist schwierig, vor allem, wenn Sie sich ihrer nicht bewusst sind. Aber haben Ihnen die Beispiele für einschränkende Überzeugungen, die ich angeführt habe, bewusst gemacht, welche Überzeugungen Sie zurückhalten? Zuerst müssen Sie den einschränkenden Glaubenssatz identifizieren. Erkennen Sie ihn und akzeptieren Sie ihn.

Dann müssen Sie die Lüge aufdecken, denn ein

einschränkender Glaubenssatz ist nicht ganz wahr. Vielleicht ist zum Beispiel Ihre Mutter bei einem Autounfall ums Leben gekommen, und Sie glauben, dass Sie nicht Auto fahren können.

Aber Sie können es, weil Sie Fahrstunden genommen und einen Führerschein gemacht haben. Sie können fahren, tun es aber nicht, weil Sie sich sagen: "Du kannst es nicht".

Der nächste Schritt ist, darüber zu sprechen. Wenn sich Ihre einschränkende Überzeugung in Ihrer Identität verankert hat, benötigen Sie möglicherweise professionelle Hilfe. Wenn Ihre einschränkende Überzeugung jedoch nur eine Ausrede ist, um etwas zu vermeiden, sollten Sie es einfach tun.

Ändern Sie Ihre Überzeugungen, stellen Sie das, was Sie glauben, nicht tun zu können, auf die Probe, und sehen Sie, was passiert. Üben Sie weiterhin, mit alten, schlechten Gewohnheiten zu brechen, eine Wachstumsmentalität zu entwickeln und an sich selbst zu glauben - dieses Mal ohne Grenzen!

Andere Strategien, die Ihnen helfen können, Ihre einschränkenden Überzeugungen zu überwinden, sind

- Versuchen Sie es mit Meditation

- Positive Affirmationen

- Visionstafeln

- Positive Selbstgespräche

- Tagebuchführung zur Selbstentwicklung

- Minimalismus

- Mit neuen Dingen experimentieren, neugierig werden und erforschen

KAPITEL 6

POSITIVE GLAUBENSSÄTZE ZUR STÄRKUNG DES SELBSTWERTGEFÜHLS

Überzeugungen haben ebenso wie Worte eine enorme Macht. Was Sie sich in Ihrem Kopf einreden, hat erheblichen Einfluss auf Ihr Selbstbild und Ihr Selbstwertgefühl. Das liegt daran, dass negative Selbstgespräche von negativen Überzeugungen über sich selbst, die Welt und andere begleitet werden, die eine pessimistische, schwache und ungünstige Einstellung fördern. Überzeugungen sind so mächtig, dass sie Sie in eine Realität führen können, die Sie allein durch Ihre Gedanken geschaffen haben. Wenn Sie also glauben, dass Sie nicht fit genug sind, um länger als 5 Minuten zu laufen, werden Sie es auch nicht tun.

Wenn Sie sich aber entschließen, es rational und emotional zu tun, werden Sie es tun. Wenn ich "emotional" sage, meine ich damit Ihr ganzes Wesen, d. h. Ihren Geist und Ihren Körper. In The Biology of Belief erklärt Lipton (2015), dass "Gedanken, die Energie des Geistes, direkt beeinflussen, wie das physische Gehirn die Physiologie des Körpers steuert." Das würde erklären, warum es so viele Geschichten von Menschen gibt, die z. B. Krebsdiagnosen im Endstadium trotzen und ein viel längeres Leben führen. Im Folgenden finden Sie fünf positive Glaubenssätze zur Stärkung des Selbstwertgefühls, die Ihnen dabei helfen, besser über sich selbst zu denken und sich besser zu fühlen:

1- Ich bin wichtig.

Sie sind für andere von Bedeutung, auch wenn Sie derzeit keine Beziehung oder viele Freunde haben. Sie sind als Lebewesen für das Universum, für sich selbst und für Ihre Mitmenschen wichtig, auch wenn diese Sie nicht kennen. Das Leben ist wertvoll, und wir alle wollen es schützen. Deshalb wünsche ich Ihnen, auch wenn ich Sie noch nie getroffen habe, das Beste für Ihre Mitmenschen. Und nein, man muss kein Therapeut oder Mönch sein, um so zu denken, wie es viele Menschen tun.

2- Ich bin fähig.

Wissen Sie, wie viele Fähigkeiten Sie brauchen, um

diesen Blogbeitrag zu lesen? Selbst wenn Sie deprimiert sind, verzweifelt oder mit gebrochenem Herzen, können Sie jeden Tag aufwachen und sich Ihren Ängsten stellen. Das Menschsein kann manchmal schwierig sein, aber wir lernen von klein auf, unser Leben zu kontrollieren. Erinnern Sie sich daran, dass die Anstrengung zählt, nicht das Ergebnis. Jeder Versuch zeigt dir selbst, der Welt und anderen, dass du lebendig und verbunden bist.

3- Du kannst es nehmen.

Sie haben Krankheit, schlechtes Wetter, Widrigkeiten und Enttäuschungen überwunden. Du hast es geschafft, aufzustehen und Dinge zu erledigen, auch wenn du dich am liebsten verkriechen wolltest. Du bist aufgetaucht, auch wenn dein Körper schwach war. Wenn du nicht für dich selbst da sein konntest, warst du für andere da. Du hast dich isoliert gefühlt und warst nachtragend, aber du hast versucht, höflich und respektvoll mit anderen umzugehen. Du bist mit deinen Verlusten so gut wie möglich umgegangen, auch wenn du keine Bestätigung oder Unterstützung von anderen bekommen hast. Sie sind zäh und können Schmerz und Unbehagen aushalten.

4- Ich habe Vertrauen in andere.

Wären Sie ohne die Hilfe anderer so weit gekommen? Auch wenn einige von uns ziemlich unabhängig sind, überleben und gedeihen wir alle, weil wir zusammenarbeiten. Beziehungen jeglicher Art sind gefährlich, weil jeder mit Erwartungen, Schwachstellen und mindestens einem Trauma in sie hineingeht. Wir alle werden irgendwann verletzt, weil wir unvollkommene Wesen sind. Die gute Nachricht ist, dass Sie, wie bereits erwähnt, damit umgehen können! Wenn Sie enttäuscht sind, werden Sie, wie bei den meisten Dingen im Leben, irgendwann darüber hinwegkommen.

5- Ich bin kompetent.

Sie waren gut genug, um diese Welt zu betreten. Unabhängig von den Umständen waren Sie fähig, zu wachsen und sich zu entwickeln. Sie waren talentiert genug, um Ihr Alter zu erreichen und die Menschen zu kennen, die Sie kennen. Du warst gut genug, um das zu erreichen, was du getan hast, und etwas daraus zu machen. Sie sind es wert, am Leben zu sein und jeden Atemzug zu tun. Du bist ausreichend und verdienst alles, was du dir selbst, dem Universum und anderen noch zu bieten hast. Du bist ausreichend, weil du du selbst bist, und du bist einzigartig.

Wenn Sie sich aufgrund eines geringen Selbstwertgefühls nicht ganz wohl und glücklich fühlen, ist es an der Zeit, Ihrem Gehirn eine andere Geschichte über sich selbst, die Welt und die Menschen um Sie herum zu erzählen. Ich empfehle Ihnen dringend, die oben genannten Überzeugungen aufzuschreiben und sie in Ihre Meditationspraxis einzubauen. Erschaffen Sie imaginäre Szenarien, in denen Sie sich selbst so handeln sehen, wie oben beschrieben, sobald Sie einen ruhigen Geisteszustand erreicht haben und sich im Einklang mit Ihrem Körper fühlen. Verbinden Sie sich mit den positiven Körperempfindungen, die durch diese Bilder hervorgerufen werden, als ob Sie genau dort wären und diese neue Art des Seins genießen würden. Wiederholen Sie die Übung täglich, um zu sehen, wie sie sich auf Ihre emotionale Gesundheit auswirkt.

KAPITEL 7

WIE KANN ICH MEINE ÜBERZEUGUNGEN ÄNDERN?

Ich bin entweder zu alt oder zu jung, um das zu tun.

"Ich habe vor, mein Leben allein zu verbringen."

"Ich werde nie einen Job finden, der mich glücklich macht. Es ist nur ein Job."

"Das ist etwas, das ich nie tun können werde."

In diesen Sätzen kommen einschränkende Überzeugungen zum Ausdruck. Sie sind furchtbar und eine Ausrede dafür, dass man seine Ziele nicht erreichen kann.

Begrenzende Überzeugungen halten uns in unserer vertrauten Umgebung fest. Sie können unsere persönliche und berufliche Entwicklung und Leistung stark einschränken. Wir halten diese Gedanken, ob bewusst oder unbewusst, für absolute Wahrheiten. Diese negativen Gedanken, die uns am Erreichen unserer Lebensziele hindern, können jedoch überwunden und durch positive

Botschaften ersetzt werden. Sie können alles ändern, indem Sie Ihr Denken ändern.

Warum haben wir solche einschränkenden Überzeugungen?

Die meisten einschränkenden Überzeugungen sind unbewusste Gedanken, die als Abwehrmechanismen auftreten, um mögliche Frustrationen, Misserfolge und Enttäuschungen zu vermeiden. Vielleicht sind Sie in der Vergangenheit durch etwas verletzt worden, und wenn Sie sich jetzt in einer ähnlichen Situation befinden, findet Ihr Verstand einen bestimmten Weg, um zu versuchen, dies zu verdrängen. Ein guter Weg, um gegen einschränkende Überzeugungen anzukämpfen, ist herauszufinden, woher sie kommen, indem Sie herausfinden, was Ihnen ein schlechtes Gefühl gibt. Diese einschränkenden Gedanken und Überzeugungen können aus einer Vielzahl von Quellen stammen:

- Persönliche Überzeugungen sind die Erfahrungen, die eine Person gemacht hat und die zur Entwicklung bestimmter Blockaden geführt haben.

- Vererbte Erfahrungen und Überzeugungen, die sich

darauf beziehen, wie wir geschaffen wurden, die Ideen und Verhaltensweisen, die wir im Laufe unseres Lebens beobachten und verstärken.

• Angst oder Entschuldigung bezieht sich auf alles, was man benutzt, um etwas Bestimmtes nicht zu tun oder nicht zu tun, weil man Angst hat, zu versagen.

• Soziale Kreise in Ihrem Umfeld und diejenigen, die Einfluss auf Sie haben.

• Die Gesellschaft kann Normen auferlegen, die zu einschränkenden Überzeugungen führen.

• Religiöse Überzeugungen können manchmal einschränkende Gedanken verbreiten, weil ihre Predigten in der Regel festlegen, welche Verhaltensweisen in den Augen der Gottheit, an die eine Person glaubt, akzeptabel sind.

Überlegen Sie, was Sie erreichen wollen, aber nicht erreichen, um Ihre einschränkenden Überzeugungen zu identifizieren. Suchen Sie dann nach der Rechtfertigung, die Sie dafür entdeckt haben, dass Sie die betreffende Sache nicht tun. Diese Rechtfertigung findet sich normalerweise im "Warum" des Satzes. Es ist leichter gesagt als getan, solche einschränkenden Überzeugungen zu entwirren. In dieser Situation kann es hilfreich sein, mit vertrauenswürdigen Freunden, Familienmitgliedern oder Mentoren zu sprechen.

Wie können Sie also Ihre einschränkenden Überzeugungen überwinden?

Im Folgenden finden Sie einige Möglichkeiten, wie Sie Ihre Überzeugungen ändern können.

1. Erkennen Sie eine Ihrer einschränkenden Überzeugungen.

Der erste Schritt zur Überwindung Ihrer einschränkenden Überzeugungen besteht darin, sie zu erkennen. Wenn Sie befürchten, dass es mehrere einschränkende Überzeugungen gibt, beginnen Sie mit der größten und wiederholen Sie den Vorgang mit jeder einschränkenden Überzeugung.

2. Akzeptieren Sie, dass es nur eine Überzeugung ist.

Erkennen Sie, dass Ihre Überzeugung auf falschen Annahmen beruhen kann. Sie ist wahrscheinlich falsch und lediglich eine Überzeugung, keine Tatsache.

3. Überprüfen Sie Ihre eigenen Überzeugungen

Stellen Sie Ihre Überzeugung in Frage, nachdem Sie

erkannt haben, dass es sich nur um eine Überzeugung und nicht um eine Tatsache handelt. Stellen Sie sie auf den Prüfstand, indem Sie Fragen stellen wie:

- Ist diese Überzeugung durch Beweise gestützt? Welche Fakten stützen Ihre Behauptung?

- Habe ich schon immer so gedacht? Was, wenn überhaupt, hat sich geändert?

- Gibt es Beweise, die meiner Überzeugung widersprechen?

- Wie wäre es, wenn ich die Gegensätze meiner Überzeugungen in Betracht ziehen würde?

- Hilft mir diese Überzeugung dabei, meine Ziele zu erreichen?

- Wie würde ich diese Überzeugung betrachten, wenn ich jemand anderes wäre (z. B. Albert Einstein, Oprah Winfrey, Steve Jobs, ein Unternehmer, ein Arzt usw.)?

Viele dieser Fragen mögen seltsam erscheinen, aber sie sollen Ihr Verständnis für das Thema erweitern. Sie trainieren, "über den Tellerrand" zu schauen. Wenn Sie gegen Ihre ursprüngliche Denkweise argumentieren, stellen

Sie vielleicht fest, dass es nicht genau das ist, was Sie dachten, was Sie dazu veranlasst, Ihr Paradigma auf etwas Positives und Ermutigendes zu ändern.

4. Seien Sie sich der potenziell negativen Folgen bewusst

Was sind die Folgen des Festhaltens an Ihrer einschränkenden Überzeugung? Das Festhalten an der Überzeugung, dass Sie eine Prüfung nicht bestehen können, weil Sie beim ersten Versuch gescheitert sind, kann Sie daran hindern, die Prüfung zu bestehen und in Zukunft ein besseres Leben zu führen.

5. Entwickeln Sie eine neue Überzeugung

Entscheiden Sie sich für etwas Neues, an das Sie glauben und das Ihnen helfen wird, Ihr Leben zu verbessern. Dieser Übergang kann schwierig sein. Je nachdem, wie lange Sie darüber nachgedacht und gelebt haben, was Sie dazu gebracht hat, an das zu glauben, was Sie glauben, kann sich eine starke emotionale Bindung gebildet haben, die fest mit dem Glauben verwurzelt ist. Wenn Sie sich ändern wollen, müssen Sie die Kraft und den Mut haben, Ihr Denken zu ändern und neue Überzeugungen anzunehmen.

6. Setzen Sie es in die Tat um.

Werden Sie aktiv und setzen Sie Dinge um, die Ihre neue Überzeugung unterstützen. Wenn Ihre einschränkende Überzeugung war, dass Sie "zu alt sind, um mit dem Sport anzufangen", beginnen Sie mit der Überzeugung "Es ist nie zu spät, wieder damit anzufangen" und machen Sie heute einen 15-minütigen Spaziergang, um mit dem Sport zu beginnen und daraus eine Gewohnheit zu machen.

Wenn Sie sich auf Ihre neuen Überzeugungen konditionieren, stellen Sie sich die Realität vor, die Sie sich wünschen, und visualisieren Sie die Ergebnisse, die Sie sich wünschen. Die Visualisierung ist eine hervorragende Methode, um Vorfreude zu erzeugen. Sie werden das gewünschte Ergebnis mental erleben. Dadurch werden kongruente Signale an Ihr Gehirn gesendet, die es veranlassen, für Sie zu arbeiten.

Welche Rolle spielt Mentoring bei der Überwindung einschränkender Glaubenssätze?

Zusätzlich zu den oben beschriebenen Schritten können Mentoring und Coaching bei der Identifizierung und Überwindung einschränkender Überzeugungen äußerst hilfreich sein.

Bei dieser Methode werden mehrere Techniken zur persönlichen Entwicklung eingesetzt. Ein Teil dieses Prozesses ist die Selbsterkenntnis (beim Coaching), die Motivation und das Lernen und Verstehen von denjenigen, die bereits erfolgreich waren (beim Mentoring).

Wenn Sie erkennen, dass Sie Ihr Leben völlig verändern können, indem Sie Ihre bestimmten Überzeugungen ändern, werden Sie feststellen, dass Sie toxische Gedanken, die Sie bisher davon abgehalten haben, Ihre Ziele zu erreichen, ausschalten können. Wenn ein Coach oder Mentor sich auf Ihre Fähigkeiten konzentriert und darauf, wie Sie diese verbessern können, werden Sie ermutigt, einschränkende Überzeugungen zu überwinden und Ihre Ziele zu erreichen.

KAPITEL 8

MEINE GLAUBENSSÄTZE UND WERTE

Würden Sie lieber ein schönes Haus besitzen oder ein Jahr lang die Welt bereisen? Haben Sie ein festes Einkommen oder einen flexiblen Zeitplan? Sollten Sie für den Ruhestand sparen oder mit einem teuren Geschenk protzen? Die Antwort liegt für viele von Ihnen auf der Hand, aber Ihre Antwort hängt von Ihren Werten und Überzeugungen ab.

Wenn Sie Wert auf Sicherheit und Stabilität legen, sind Sie vielleicht nicht so angetan von Geldgeschenken oder einer einjährigen Reise wie jemand, der Abwechslung schätzt. So beeinflussen Ihre Werte und Überzeugungen Ihre Entscheidungen, und Ihre Entscheidungen prägen Ihr Leben. Was ist also der Unterschied zwischen Werten und Überzeugungen? Wenn Sie diesen Unterschied verstehen, können Sie ihn nutzen, um ein erfüllteres Leben zu führen.

Überzeugungen vs. Werte

Auch wenn wir die Begriffe häufig synonym verwenden, gibt es doch erhebliche Unterschiede zwischen Werten und Überzeugungen. Ihre Werte sind die Grundsätze, nach denen Sie leben. Sie sind Ihre Maßstäbe für das, was gut, gerecht und sinnvoll ist. Sie beeinflussen, was Sie suchen und was Sie vermeiden, was Ihnen Spaß macht und was Sie als belastend empfinden.

Ihre Werte haben einen direkten Einfluss auf Ihr Handeln. Sie beeinflussen Ihr tägliches Verhalten und Ihren Charakter und sind mit Ihren Bedürfnissen verbunden. Was Sie schätzen, ist das, was Sie in Ihrem Leben vermissen oder was Ihnen am wichtigsten ist. Diese Dinge geben uns ein Gefühl der Erfüllung und des Wohlbefindens.

Ihre Überzeugungen hingegen sind Wahrheiten, die Sie unhinterfragt akzeptieren. Sie entwickeln sich im Laufe der Zeit und werden von Ihrer Erziehung, positiven und negativen Ereignissen in Ihrem Leben, dem Umfang und der Tiefe Ihres Wissens, den Ergebnissen Ihrer Entscheidungen in der Vergangenheit und Ihren Vorstellungen von der Zukunft beeinflusst.

Überzeugungen sind weit gefasste Verallgemeinerungen, die Ihre Moral oder Ihre Werte beeinflussen und in der Regel mit jeder Religion oder Kultur in jedem Bereich zusammenhängen. Sie sind eine gewisse Akzeptanz, dass etwas wahr ist oder existiert, auch ohne konkrete Beweise. Diese weltanschaulichen Annahmen stammen aus einer Vielzahl von Quellen.

Ihre Werte werden durch Ihre Überzeugungen untermauert und beeinflusst. Sie glauben vielleicht, dass Sie der Welt Ihren Stempel aufdrücken können, wenn Sie etwas Einzigartiges und Anderes beitragen. Kreativität ist der Wert, der mit dieser Überzeugung übereinstimmt. Freundschaften und Verbindungen sind für Sie vielleicht wichtiger als alles andere. Loyalität ist hier der zugrunde liegende Wert.

Eine Sache, die in der Debatte über Werte und Überzeugungen untergehen kann, ist, dass sie nicht immer gesund sind. Viele von uns haben in der Kindheit und im Erwachsenenalter unbewusst einschränkende Überzeugungen entwickelt. Begrenzende Überzeugungen sind Gedanken, die nicht unseren wahren Werten entsprechen, wie z. B. "Ich verdiene keine Liebe" oder "Ich werde nie gut genug sein". Sie müssen diese negativen Gedanken an die Oberfläche bringen und sie durch ermutigende Gedanken ersetzen, die Ihre wahren Überzeugungen und Werte widerspiegeln.

Liste der Werte und Überzeugungen

Sind Sie sich über Ihre Werte und Überzeugungen nicht sicher? Damit sind Sie nicht allein. Viele Menschen gehen durch ihr Leben, ohne jemals herauszufinden, was ihnen wichtig ist. Einer der Gründe, warum sich Menschen von Macht oder Reichtum ablenken lassen, ist dies. Sie verlieren aus den Augen, was wirklich wichtig ist. Wir entdecken nie, warum wir so sind, wie wir sind, und verfolgen stattdessen die Erfolgsdefinition eines anderen.

Wenn Sie Hilfe bei der Bestimmung Ihrer Grundwerte benötigen, beginnen Sie mit dieser Liste von Werten und Überzeugungen:

- **Wertschätzung:** Mögen Sie es, von anderen anerkannt zu werden und diejenigen zu bestätigen, die Ihnen wichtig sind?

- **Kreativität:** Wie wichtig sind Phantasie und die Entwicklung neuer Ideen oder Projekte?

- **Großzügigkeit:** Wenn Sie wirklich glauben, dass der Schlüssel zum Leben im Geben liegt, dann ist Großzügigkeit zweifellos einer Ihrer Werte.

- **Eigenständigkeit:** Wer Eigenständigkeit schätzt, legt Wert auf Unabhängigkeit und darauf, sich nicht auf andere zu verlassen.

- **Integrität:** Wie reagieren Sie, wenn Sie jemand anlügt oder sich weigert, die Verantwortung für sein Handeln zu übernehmen?

- **Authentizität:** Sie selbst zu sein bedeutet, sich nicht von den Meinungen anderer beeinflussen zu lassen, was für diejenigen, die Authentizität schätzen, wesentlich ist.

- **Loyalität:** Wenn Sie Ihre Versprechen halten und Ihren Freunden und Partnern immer den Rücken freihalten, sind Sie wahrscheinlich ein loyaler Mensch.

- **Mitgefühl:** Hören Sie gut zu? Suchen Ihre Freunde Ihren Rat?

- **Positivität:** Diejenigen, die Positivität schätzen, zeigen Dankbarkeit und Optimismus.

- **Mutig:** Diejenigen, die für das Richtige eintreten und an das glauben, wofür sie stehen, schätzen Mut.

- **Widerstandsfähigkeit:** Wenn Sie stolz auf Ihre innere Stärke und Ihre Fähigkeit sind, Hindernisse zu überwinden, schätzen Sie Resilienz.

Wie man nach seinen Überzeugungen und Werten lebt

Um ein sinnvolles und leidenschaftliches Leben zu führen, ist es wichtig, den Unterschied zwischen Werten und Überzeugungen zu kennen und die eigenen Grundwerte zu erkennen. Das Leben wird bedeutungsvoller, wenn Sie aufhören, Entscheidungen auf der Grundlage dessen zu treffen, was andere denken, und anfangen, Entscheidungen auf der Grundlage Ihrer Prioritäten zu treffen.

SCHÄTZEN SIE IHRE GEDANKEN

"Ihre Werte und Überzeugungen kontrollieren jede Entscheidung in Ihrem Leben", sagt Tony Robbins. Die Macht Ihrer Überzeugungen zu erkennen, ist der erste Schritt, um das Leben zu gestalten, das Sie sich wünschen. Sie müssen erkennen, dass Ihre Überzeugungen Ihre Entscheidungen, Handlungen und Ihr Schicksal beeinflussen. Stellen Sie fest, ob Ihre derzeitigen Glaubenssätze positiv oder negativ sind. Sind sie konstruktiv oder destruktiv?

Der Einfluss anderer führt zu negativen und zerstörerischen Überzeugungen. Wenn Sie sich dieser negativen Überzeugungen bewusst werden, können Sie sie in ermutigende Überzeugungen umwandeln, die Ihnen dienen. Lassen Sie zu, dass sie Ihre wahren Werte widerspiegeln und nicht die von anderen auferlegten. Sie können auch die positiven Überzeugungen verstärken, die Sie bereits haben.

ENTDECKEN SIE IHRE LEITENDEN PRINZIPIEN

Zu verstehen, was Sie motiviert, ist der Ausgangspunkt für die Nutzung Ihrer Werte, um Ihre Entscheidungen zu lenken. Was motiviert Sie zum Handeln? Was motiviert Sie, Ihre Ziele zu erreichen? Ziehen Sie Aufregung oder Stabilität vor? Ziehen Sie Vergnügen dem Schmerz vor? Was bringt Sie morgens aus dem Bett und gibt Ihnen das Gefühl von Energie und Freude?

Wenn Sie diesen unsichtbaren Einflüssen nachgehen, können Sie ihren Einfluss auf Ihr Leben neu gestalten. Dies wird Ihnen helfen, Ihre Absichten auf Erfolg und Freude statt auf Elend und Leid auszurichten, was Ihnen ermöglicht, ein erfüllteres und erfolgreicheres Leben zu führen. Es liegt an

Ihnen, Ihre Aufmerksamkeit auf Ihre wichtigsten Überzeugungen und Werte zu lenken, denn, wie ein Experte sagt, "was Sie schätzen, bestimmt, worauf Sie sich konzentrieren."

DENKEN SIE DARÜBER NACH, WIE SICH IHRE GEDANKEN AUF IHRE BEZIEHUNGEN AUSWIRKEN.

Ihre persönlichen Überzeugungen und Werte haben einen erheblichen Einfluss darauf, wie Sie gesunde Beziehungen aufbauen und pflegen. Beziehungen können viel Freude und Liebe, aber auch viel Enttäuschung und Traurigkeit mit sich bringen. Wenn Sie eine Beziehung eingehen, werden Ihre einschränkenden Überzeugungen über sich selbst und andere verstärkt, was bedeutet, dass auch Ihre Werte verstärkt werden. Wenn zwei Partner über Werte und Überzeugungen streiten oder wenn Überzeugungen sie daran hindern, eine echte Verbindung zueinander zu finden, ist es unwahrscheinlich, dass die Beziehung von Dauer ist. Jemanden zu finden, der Ihre Werte und Überzeugungen teilt, ist der erste Schritt zu einer stärkeren Beziehung.

Werte wie Bedeutung und Wertschätzung können Beziehungen schaden. Wenn Sie sich von Konflikten in einer

Beziehung angezogen fühlen, um Aufmerksamkeit zu bekommen, werden Sie dieses Gefühl der Bedeutung auf schädliche und gefährliche Weise suchen. Es ist schwer zuzugeben, wenn Ihre Werte Ihnen nicht helfen. Doch wenn Sie das Muster erkennen und Ihren Verstand dahingehend verändern, dass Beziehungen positiv und liebevoll sein müssen, werden Sie das auch in Ihren Beziehungen zu anderen bemerken.

SCHAFFEN SIE NEUE ÜBERZEUGUNGEN UND WERTE

"Was Sie konsequent in Ihrem Kopf behalten, werden Sie in Ihrem Leben erleben", sagt Tony Robbins. Da Sie nun erkannt haben, dass Ihre Werte und Überzeugungen Sie leiten, nutzen Sie Ihre Macht, um sie zu ändern. Wenn Ihre Überzeugungen mit Ihrem wahren Selbst übereinstimmen, können Sie neue Grundregeln für sich selbst aufstellen.

Es ist an der Zeit, sich ein Leben vorzustellen, auf das Sie sich wahnsinnig freuen. Ein Leben, das Ihre kühnsten Erwartungen übertreffen würde. Ein Leben, das nur möglich ist, wenn Sie Ihr derzeitiges Wertesystem neu bewerten. Erkennen Sie, wie Ihre Glaubenssätze Ihre Werte beeinflussen. Dann entwerfen Sie einen persönlichen

Lebensplan, um dieses Ziel zu erreichen. Dazu gehören Ihr neuer Lebensauftrag/Zweck und eine Liste von Werten und Überzeugungen, die Ihnen dabei helfen, diesen zu erreichen. Sie werden dann in der Lage sein, sich neue Ziele zu setzen.

Sie sollten nun ein klares Bild von Ihren Überzeugungen und Werten haben. Sie wissen, wie Sie Ihr Leben gestalten wollen. Sie verstehen, dass jeder Gedanke und jede Handlung, die Sie im Laufe des Tages ausführen, Sie zu Ihrem Schicksal führt und ein außergewöhnliches Leben schafft. Sie verstehen, wie Sie Ihre Überzeugungen kontrollieren können, anstatt sich von ihnen kontrollieren zu lassen. Indem Sie Ihre Herangehensweise an Werte und Entscheidungsfindung überdenken, sind Sie besser gerüstet, das Leben zu gestalten, das Sie sich wünschen.

KAPITEL 9

DER REICHE UND DER ARME GLAUBE

Was ist der Unterschied zwischen dem Glauben der Reichen und dem der Armen? Was unterscheidet die Erfolgreichen vom Rest von uns? Viele Menschen erreichen ihre finanzielle Freiheit nicht, weil ihnen eines fehlt: der richtige Glaube. Alles beginnt damit, wie Sie Geld, Reichtum und Erfolg wahrnehmen. Das ist nicht dem Zufall, der Geburt oder den Beziehungen geschuldet.

Die größten Unterschiede zwischen den Menschen bestehen darin, was sie denken, wie sie handeln und was sie glauben. Reiche und Arme denken und handeln unterschiedlich, je nachdem, wie viel Geld sie haben. Reiche Menschen denken anders als arme Menschen und Menschen aus der Mittelschicht.

Sie haben unterschiedliche Ansichten über Geld,

Reichtum, sich selbst, andere Menschen und das Leben. Dadurch haben Sie einige alternative Überzeugungen im Kopf, aus denen Sie wählen können. Auf diese Weise können Sie sich selbst dabei ertappen, wie Sie wie ein armer Mensch denken, und schnell dazu übergehen, wie ein reicher Mensch zu denken.

Eine positive Einstellung, die Konzentration darauf, das Richtige zu tun, statt das Beste zu tun, ein lebenslanges Lernen und spezifische Risikomanagementtechniken sind allesamt Unterschiede zwischen Reichen und Armen. Dies verringert die Wahrscheinlichkeit, nach einer Katastrophe zu verarmen, und hilft ihnen, ihre finanziellen Ziele auf lange Sicht zu erreichen.

Ein wohlhabender Glaube wird Ihnen raten, sich selbst zu versorgen und mehrere Einkommensquellen zu erschließen. Er wird Ihnen raten, ein Team von Leuten zusammenzustellen, die schlauer sind als Sie, um die Bemühungen talentierter Personen zu maximieren. Der Hauptgrund dafür, dass "die Reichen reicher und die Armen ärmer werden", ist der Glaube der Reichen. Bill Gates sagte: "Es wäre leicht für uns, zurückzufallen und ein mittelmäßiges Unternehmen zu werden, wenn wir nicht ständig großartige Leute einstellen und mit voller Kraft vorankommen würden."

Welche dieser Überzeugungen haben Sie also? Schauen wir uns zwölf verblüffende Unterschiede in der Denkweise von reichen und armen oder Mittelschichtlern an.

1. Reiche Menschen glauben: "Ich schaffe mir mein Leben selbst."

Arme glauben: "Das Leben passiert mir einfach". Wenn Sie Reichtum schaffen wollen, müssen Sie glauben, dass Sie die Kontrolle über Ihr Leben haben und jeden Moment selbst gestalten, insbesondere Ihr finanzielles Leben.

Anstatt die Verantwortung für ihre Umstände zu übernehmen, ziehen es arme Menschen vor, das Opfer zu spielen. Natürlich ist der vorherrschende Gedankengang eines jeden "Opfers" "Ich bin arm". Und nach dem Gesetz der Absicht ist es genau das, was sie bekommen: "arm", wie in Geld, ich.

2. Reich-gegen-Arm-Glaube: Reiche gewinnen das Geldspiel

Arme Überzeugungen spielen das Geldspiel, um nicht zu verlieren. Arme Menschen ziehen es vor, im Geldspiel eher in die Defensive als in die Offensive zu gehen. Ich möchte Sie Folgendes fragen: Wie hoch sind Ihre Gewinnchancen, wenn Sie eine Sportart oder ein Spiel ausschließlich in der Verteidigung spielen würden? Die Mehrheit der Menschen ist sich einig, dass sie gering sind und keine haben.

Doch genau so gehen die meisten Menschen mit Geld um. Es geht ihnen mehr um das Überleben und die Sicherheit als um Reichtum und Überfluss. Was ist also Ihr Ziel? Was ist Ihr wahres Ziel? Was ist Ihr wahres Ziel?

Das ultimative Ziel der Wohlhabenden ist es, enormen Reichtum und Überfluss anzuhäufen. Das Hauptziel armer Menschen ist es, "genug zu haben, um meine Rechnungen zu bezahlen". Wenn sie das pünktlich schaffen würden, wäre das ein Wunder. Lassen Sie mich Ihnen noch einmal sagen, wie mächtig Ihre Gedanken sind. Wenn Ihr Ziel darin besteht, gerade so viel Geld zu haben, dass Sie Ihre Rechnungen bezahlen können, werden Sie auch gerade so viel Geld bekommen, dass Sie Ihre Rechnungen bezahlen können, und normalerweise nicht mehr. Was Sie wollen, bekommen Sie auch.

3. Reiche Überzeugungen sind dem finanziellen Erfolg gewidmet

Schlechte Überzeugungen machen es schwierig, Wohlstand zu erreichen. Den meisten von uns fallen gute Gründe ein, warum es toll wäre, reich zu sein, aber was ist mit der anderen Seite? Gibt es irgendetwas am Reichsein oder Reichwerden, das nicht toll ist?

Jeder von uns hat eine Wohlstandsdatei in seinem Kopf. Diese Datei enthält unsere persönlichen Überzeugungen darüber, warum es fantastisch wäre, reich zu sein. Für viele Menschen enthält ihre Datei jedoch auch Informationen darüber, warum es nicht so toll ist, reich zu sein. Diese Menschen haben widersprüchliche innere Botschaften über Geld, insbesondere über Reichtum. Der Grund, warum die meisten Menschen nie wohlhabend werden, ist, dass sie gemischte Botschaften erhalten.

Die meisten Menschen bekommen nicht, was sie wollen, weil sie nicht wissen, was sie wollen. Reiche Menschen sind eindeutig in ihrem Wunsch nach Reichtum. Sie sind unerschütterlich in ihrem Wunsch. Sie sind fest entschlossen, Reichtum zu schaffen. Sie sind bereit, "alles zu tun, was nötig ist", um Reichtum zu erlangen, solange es moralisch und ethisch vertretbar ist. Reiche Menschen senden keine widersprüchlichen Signale an das Universum.

Menschen in Armut schon.

Es tut mir leid, dass es kein "Spaziergang" ist, wohlhabend zu werden. Es erfordert Konzentration, Fachwissen, 100 %ige Anstrengung und "niemals aufgeben"-Durchhaltevermögen. Sie müssen sich bewusst und unbewusst dazu verpflichten. Sie sollten daran glauben, dass Sie es schaffen können und dass Sie es verdient haben. Es ist unwahrscheinlich, dass Sie Erfolg haben werden, wenn Sie sich nicht voll und ganz der Schaffung von Wohlstand verschrieben haben.

4. Reicher gegen armer Glaube: Reiche Menschen haben große Ideen

Arme Menschen haben einen kleinen Verstand. Wir hatten einmal einen Trainer auf einem unserer Seminare, der es in nur drei Jahren von einem Nettovermögen von 260 Tausend Dollar auf über 700 Millionen Dollar gebracht hat. Auf die Frage, was sein Geheimnis sei, antwortete er: "Alles änderte sich an dem Tag, an dem ich anfing, groß zu denken."

Eine andere Möglichkeit, darüber nachzudenken, besteht darin, die folgende Frage zu beantworten: Wie vielen

Menschen dienen Sie oder haben Sie einen Einfluss auf sie?

In meiner Branche bevorzugen einige Trainer beispielsweise Vorträge vor Gruppen von 20 Personen, andere vor Gruppen von 100 Personen, wieder andere vor einem Publikum von 500 Personen und wieder andere vor einem Publikum von 5000 oder mehr Personen. Gibt es ein Lohngefälle zwischen diesen Trainern? Ja, die gibt es.

- Wie ist Ihr Name? Was für ein Traumleben möchten Sie führen?

- Wie möchten Sie das Spiel spielen?

- Willst du in der großen, der großen oder der kleinen Liga spielen?

- Willst du groß rauskommen oder nach Hause gehen? Das hängt ganz von Ihnen ab.

Aber hören Sie sich das an. Es geht nicht um Sie. Es geht darum, deine Mission zu erfüllen. Es geht darum, Ihre Bestimmung zu leben. Es geht darum, Ihren Teil zum Puzzle der Welt beizutragen. Es geht darum, anderen zu helfen.

Die meisten von uns sind so sehr auf "ich, ich und noch mehr ich" konzentriert, dass sich alles um uns dreht. Aber noch einmal: Es geht nicht wirklich um Sie, sondern darum, das Leben anderer zu bereichern. Das hängt ganz von Ihnen ab. Der eine Weg führt zu Armut und Elend, der andere zu Reichtum, Sinn und Erfüllung.

Es ist an der Zeit, sich nicht mehr zu verstecken und zu gehen. Es ist an der Zeit, nicht mehr zu brauchen, sondern zu führen. Es ist Zeit, damit anzufangen, wie der Star zu handeln, der du bist.

5. Die Überzeugungen reicher Menschen sind größer als ihre Probleme

Arme Menschen werden von ihren Problemen erdrückt. Es ist nicht einfach, wohlhabend zu werden. Es ist eine schwierige Reise mit vielen Drehungen und Wendungen. Die einfache Wahrheit ist, dass Erfolg chaotisch ist. Der Weg birgt viele Gefahren, weshalb die meisten Menschen ihn meiden. Sie wollen die Probleme nicht.

Das ist der entscheidende Unterschied zwischen reichen und armen Menschen. Reiche und erfolgreiche Menschen sind größer als ihre Probleme, während arme und erfolglose Menschen kleiner sind.

Arme Menschen tun fast alles, um alles zu vermeiden,

was als Problem erscheint. Sie schrecken vor Schwierigkeiten zurück. Die Ironie dabei ist, dass sie bei dem Versuch, Probleme zu vermeiden, mit den schlimmsten Problemen enden: Sie sind pleite und unglücklich.

Anstatt Probleme zu vermeiden oder loszuwerden, liegt der Schlüssel zum Erfolg darin, zu wachsen, so dass man größer ist als sie.

Das ist so, wie sich anzuziehen oder die Zähne zu putzen - nichts Alltägliches. Egal, wie viel Reichtum Sie haben oder wie groß oder klein Sie spielen, Sie werden immer Probleme haben. Es wird immer "Probleme" geben, solange Sie noch leben.

Es ist wichtig zu wissen, dass die Größe eines Problems nie das eigentliche Problem ist. Was zählt, ist, wie groß Sie sind!

Denken Sie daran, dass Sie der Einzige sind, der Ihr Geld wachsen lassen kann. Das Ziel ist es, sich so weit zu verbessern, dass Sie die Probleme überwinden können, die Sie daran hindern, Geld zu verdienen, und es zu behalten, wenn Sie es einmal haben.

Reiche Menschen schrecken nicht vor Problemen zurück,

vermeiden Probleme oder beklagen sich über sie. Reiche Menschen sind finanzielle Kämpfer, und wenn sie mit einer Herausforderung konfrontiert werden, rufen sie "BRING ES AN!"

6. Reich vs. Arm Überzeugung: Reiche Menschen konzentrieren sich auf Möglichkeiten

Arme Menschen befassen sich mit Problemen. Reiche Menschen sehen in jeder Situation Möglichkeiten und arbeiten hart daran, sie zu nutzen.

Reiche Überzeugungen sehen potenzielles Wachstum voraus. Schlechte Überzeugungen führen zu potenziellen Verlusten. Reiche Überzeugungen konzentrieren sich auf die Belohnungen. Schlechte Überzeugungen konzentrieren sich auf die Gefahren.

Wir sprechen hier nicht nur über "positives Denken". Wir sprechen von einer Art, die Welt zu betrachten, wie Sie es immer tun. Angst ist das, was Menschen arm macht. Ihr Verstand sucht immer nach dem, was falsch ist oder was schief gehen könnte. Ihr Hauptgedanke ist: "Was ist, wenn es nicht funktioniert?" oder noch direkter: "Es wird nicht funktionieren." Wie wir bereits besprochen haben, nehmen reiche Menschen ihr Leben selbst in die Hand und denken: "Es wird funktionieren, weil ich dafür sorge, dass es funktioniert."

In der Finanzwelt, wie auch in den meisten anderen Bereichen, steht das Risiko in direktem Zusammenhang mit der Belohnung. Im Allgemeinen gilt: Je größer die Belohnung, desto größer das Risiko. Menschen, die sich selbst als wohlhabend betrachten, sind bereit, dieses Risiko einzugehen. Sie versuchen, Chancen zu nutzen, auch wenn sie nicht über die entsprechenden Fähigkeiten verfügen.

Menschen mit Geld erwarten, dass sie gut abschneiden. Sie glauben an ihre Fähigkeiten und ihre Kreativität und wissen, dass sie, wenn etwas schief geht, ihr Geld jederzeit zurückbekommen oder einen anderen Weg zum Erfolg finden können. Sie suchen nach Möglichkeiten, mehr zu lernen, um ihre Arbeit besser zu machen.

Die Armen hingegen erwarten, dass sie scheitern werden. Sie glauben nicht an sich oder ihre Fähigkeiten und denken, dass es schrecklich wäre, zu scheitern.

Man muss etwas tun, etwas kaufen oder etwas anfangen, um Geld zu verdienen. Anstatt nach Möglichkeiten zu suchen, Geld zu verlieren, sollte man überall nach Möglichkeiten suchen, Geld zu verdienen.

7. Der Glaube der Reichen legt immer Wert auf eine positive Einstellung

Arme Menschen haben keine positive Einstellung. Schlecht ist eine Wahrnehmung. Es ist ein Mangel an Optimismus.

Dave Ramsey, ein nationaler Bestsellerautor, sagte einmal, dass der Unterschied zwischen pleite sein und arm sein in der Einstellung liegt. Wer pleite ist, hat zwar kein Geld, aber er hat eine positive Einstellung; er glaubt, dass es ihm besser gehen kann, wenn er sich bemüht, es besser zu machen. Sie glauben, dass sie immer arm sein werden. Der kleine Mann ist nicht in der Lage, voranzukommen. Die Wohlhabenden unterdrücken die Armen.

Sie können keinen Reichtum ansparen, weil sie glauben, dass er ihnen weggenommen wird, und sie geben das Geld, das sie sparen oder als Bonus erhalten, für Vergnügungen aus, weil sie nicht glauben, dass sie es besser machen können, wenn sie etwas anderes tun. Wenn man zum Beispiel glaubt, dass man es nicht besser machen kann, wird man das schwierige Studium nicht beenden oder einen zweiten Job annehmen, um seine Schulden loszuwerden, weil das sinnlos ist.

Oder sie glauben, dass sie nicht wohlhabend sein können, weil sie an den Mythos glauben, dass die meisten Millionäre ihren Reichtum und ihre soziale Stellung geerbt haben. In Wirklichkeit sind 80 Prozent der Wohlhabenden die erste Generation, und weniger als 3 Prozent haben genug geerbt, um Millionäre zu werden.

Eine negative Einstellung kann selbst diejenigen behindern, die ein gutes Einkommen haben. Ein klassisches Beispiel ist die Angst vor Investitionen, so dass man sein Geld auf dem Sparkonto behält und weniger als die Inflationsrate verdient. Ein anderes Beispiel ist, dass sie Geld für unmoralisch halten und es deshalb an Wohltätigkeitsorganisationen und "bedürftige" Freunde und Verwandte spenden.

Sie haben nichts, also haben sie auch keine Ersparnisse für Notfälle oder den Ruhestand. Deshalb ist für langfristigen finanziellen Erfolg eine positive Einstellung erforderlich. Rückschläge, wie der Verlust des Arbeitsplatzes oder hohe Arztrechnungen, werden als vorübergehend angesehen und bewältigt.

8. Reiche Überzeugungstäter zeigen ihren Reichtum nicht

Menschen, die starke Überzeugungen haben, führen ein genügsames Leben. Die Allgemeinheit glaubt, dass die Reichen ihren Reichtum zur Schau stellen. Wir werden getäuscht, wenn wir sehen, dass "die Reichen" Designerkleidung tragen, extravagante Urlaube machen und verschwenderische Partys veranstalten. In Wirklichkeit lebt nur eine kleine Anzahl wirklich reicher Menschen auf diese Weise, und die meisten von ihnen sind Gutverdiener mit geringen oder gar keinen Ersparnissen.

Wenn das Geld aus einem Vertragsabschluss oder einem Plattenvertrag weg ist, haben sie nichts mehr. Leider verstärken Marketingkampagnen, die besagen, dass man auf diese Weise Geld ausgeben muss, um reich zu werden, diese Vorstellung nur noch. Das kann man aber nicht, wenn man Geld für protzige Autos, teure Reisen und andere Zeichen des Erfolgs ausgibt.

Die 500 Dollar, die Sie monatlich für Ihr Auto zahlen, und das größte Haus, das Sie sich leisten können, werden Sie davon abhalten, reich zu werden. Die meisten echten Millionäre leben in Häusern, die sie sich leisten können, und stellen die Abzahlung ihrer Hypothek an die erste Stelle ihrer Liste. Selbst wenn sie ein gebrauchtes Auto kaufen und es zehn Jahre lang laufen lassen, zahlen sie keine Raten, weil sie ihre Autos lange behalten.

Sie bauen ihre Unternehmen und Portfolios auf und sind mit dem Verlauf der Dinge zufrieden. Sie verdienen ihr Geld durch harte Arbeit. Es ist ein weit verbreiteter Irrglaube, dass die meisten Millionäre Lügner und Betrüger sind. Ein Mythos ist, dass die Wohlhabenden keine Steuern zahlen, obwohl die obersten 1 % 40 % aller Steuern zahlen.

Ein weiterer Mythos ist, dass die Reichen unehrliche Betrüger sind, die ihr Vermögen durch die Ausbeutung anderer gemacht haben. In Wirklichkeit zeigen Umfragen, dass die wichtigste Eigenschaft, die Millionäre schätzen, Integrität ist. Man kann nicht im Geschäft bleiben, wenn man ständig wegen Betrugs verklagt wird oder Kunden betrügt. Man kann kein Geschäftsnetzwerk aufbauen oder gute Beziehungen knüpfen, wenn man ein Lügner oder Betrüger ist.

9. Reiche Überzeugungen erkennen die Wichtigkeit

von Bildung

Schlechte Überzeugungen sind blind für die Bedeutung von kontinuierlichem Lernen oder Bildung. Reiche Überzeugungen lernen und verbessern ihre Fähigkeiten ihr ganzes Leben lang.

Bildung ist immer noch ein wichtiger Prädiktor für das Lebenseinkommen. Dies bedeutet jedoch nicht, dass Sie eine teure Privatschule besuchen oder einen höheren Abschluss machen müssen. Allerdings wird man mit Sicherheit arm sein, wenn man die High School nicht abschließt.

Ein Unterschied zwischen reichen und armen Menschen besteht darin, dass die Reichen den Wert des Wissens erkennen. Sie gehören nicht zu den 40 % der Erwachsenen, die nach dem Schulabschluss kein einziges Buch gelesen haben. Sie lesen Fachzeitschriften, um mehr über ihr Fachgebiet zu erfahren und bei der Arbeit besser abzuschneiden.

Sie lernen etwas über Geldmanagement und persönliche Entwicklung, um im Leben erfolgreich zu sein. Sie lernen ständig dazu. Sie sorgen dafür, dass ihre Zertifizierungen aufrechterhalten werden und streben zusätzliche

Zertifizierungen an, um sich für Gehaltserhöhungen und Beförderungen zu qualifizieren.

10. Reiche Überzeugungen schneiden beim Risikomanagement besser ab

Schlechte Überzeugungen sind häufig mit der Angst verbunden, neue Risiken einzugehen.

Wohlhabende Menschen spielen nicht mit ihrem Geld, indem sie in Kasinos gehen oder in Kleinstaktien investieren. Sie treffen Vorsichtsmaßnahmen, um das Risiko zu minimieren. Eine Möglichkeit, dies zu erreichen, ist ein angemessener Versicherungsschutz. Sie haben eine Lebens-, Kranken- und Invaliditätsversicherung, um sich und ihre Familien im Falle einer Katastrophe zu schützen. Sie gründen kein Unternehmen und investieren nicht, ohne vorher die Rentabilität zu prüfen.

Sie verfügen über einen Notfallfonds mit Ersparnissen für mehrere Monate, um größere unerwartete Ausgaben zu decken, ohne sich zu verschulden. Sie räumen dem Selbstschutz Vorrang vor Ausgaben für Wünsche ein. Das soll nicht heißen, dass sie nicht in Aktien oder Immobilien investieren. Es bedeutet, dass sie sich gründlich informieren, bevor sie ihr Geld investieren.

Bevor sie kaufen, recherchieren sie die Immobilien und die Kosten für deren Sanierung und Verkauf. Sie machen ihre Hausaufgaben, bevor sie in Aktien oder Investmentfonds investieren. Indem sie sich über verschiedene Themen informieren, verringern sie ihr Risiko. Einer der Unterschiede zwischen armen und reichen Menschen besteht darin, dass die Armen häufig in Angst vor einer Katastrophe leben, während die Reichen davon ausgehen, dass sie den Sturm überstehen können.

11. Reich-gegen-Arm-Glaube: Reiche Menschen schaffen mehrere Einkommensströme

Arme Menschen haben nur eine einzige Einkommensquelle: ihren Job. Arme Menschen setzen alles auf eine Karte, indem sie sich auf eine einzige Einkommensquelle verlassen.

Die Wohlhabenden sind für ihre Arbeitsmoral bekannt, aber viele Menschen arbeiten hart und bleiben dennoch verarmt. Die Wohlhabenden arbeiten auf unterschiedliche Weise. Ein Beispiel ist, dass sie viel Zeit damit verbringen, ihre finanzielle Zukunft zu planen. Sie sparen für den

Ruhestand, um eine passive Einkommensquelle zu haben, wenn sie ihre Arbeit aufgeben.

Sie zahlen aggressiv Schulden ab und vermeiden die Aufnahme neuer Schulden, um ihr Einkommen zu maximieren. Sie nehmen sich Zeit für die Verwaltung ihrer Anlagen und investieren monatlich, sei es in einen 401K oder in Mietobjekte. Wenn sie ein Unternehmen besitzen, nutzen sie es, um ihr Einkommen aufzubessern.

Um zusätzliche Einnahmen zu erzielen, kann es notwendig sein, geistiges Eigentum zu lizenzieren oder eine der Suiten zu vermieten. Möglicherweise haben sie einen festen Job, unterrichten aber oder beraten, um ihr Einkommen aufzubessern. Dies kann auch als Risikomanagement betrachtet werden, da es ihnen einen Vorsprung verschafft, wenn sie ihren Job verlieren oder ihr eigenes Vollzeitunternehmen gründen wollen.

12. Reiche Überzeugungen Glauben an die Kraft des Sparens, Investierens und Vermehrens

Arme Menschen geben ihr Geld für materialistische Dinge aus. Arme Menschen haben keine Ersparnisse, in die sie investieren können.

Reiche Menschen glauben an das Sparen, Sparen, Sparen. Sie sparen jedes Jahr 10 bis 20 % ihres Nettoeinkommens. Wohlhabende Menschen sind bedacht. Sie schieben das Sparen für die Zukunft nicht auf. Sie fangen mit jedem Gehaltsscheck an zu sparen und entscheiden sich nicht dafür, die nächsten 15 % für die Rente auszugeben.

Sie sagen nichts davon, dass sie die Schulden später abbezahlen. Sie entwickeln eine Strategie zum Schuldenabbau und halten sich Monat für Monat daran, bis sie schuldenfrei sind. Laut "The Millionaire Next Door" und Chris Hogans Nachfolgebuch "Everyday Millionaires" halten sich die meisten Millionäre, gemessen an ihrem Nettovermögen, entweder an ein Budget oder überweisen einen bestimmten Prozentsatz ihres Einkommens in die Ersparnisse und leben von dem Rest.

Kurz gesagt, sie machen Pläne und halten sich an sie. Sie setzen sich Ziele und erreichen sie in der Regel, indem sie sich auf sie konzentrieren und ständig auf sie hinarbeiten. Es ist erwähnenswert, dass es nicht nur um Geld geht. Das ist auch der Grund, warum die Wohlhabenden seltener fettleibig sind. Wenn Sie bereits daran gewöhnt sind, regelmäßig auf finanzielle Ziele hinzuarbeiten, ist ein Sport- und

Ernährungsplan nur ein weiterer Plan, den Sie befolgen können.

KAPITEL 10

ÜBERZEUGUNGEN DER ELTERN

Zu den elterlichen Motivationsüberzeugungen gehören Rollenkonstruktion, Schulvalenz und elterliche Selbstwirksamkeit. In der aktuellen Studie wurde auch untersucht, wie diese Faktoren das elterliche Engagement beeinflussen, z. B. das Engagement zu Hause und in der Schule. Eltern prägen ihren Kindern grundlegende Überzeugungen und Werte ein, die von Schulen, Kirchen, Unternehmen und der Regierung gestärkt werden. Sekundäre Überzeugungen und Werte sind eher formbar. Der Glaube an die Ehe ist eine Grundüberzeugung; der Glaube, dass Menschen jung heiraten sollten, ist eine sekundäre Überzeugung. Vermarkter können sekundäre Werte beeinflussen, haben aber wenig Einfluss auf die Grundwerte.

KAPITEL 11

ARBEIT AM INNEREN KIND: HEILEN, INDEM MAN SICH SELBST NEU ERZIEHT

Sich selbst zu einem Elternteil zu machen, mag zunächst ein wenig weit hergeholt erscheinen. Was aber, wenn die Arbeit mit Ihrem inneren Kind für die emotionale Heilung notwendig ist?

Vielleicht halten Sie sich für erwachsen, nur weil Sie ein bestimmtes Alter erreicht haben. Die Wahrheit ist, dass viele Erwachsene verwundete Kinder in sich beherbergen. Wir bemerken es nicht immer. Wir überspielen Kindheitstraumata, indem wir beschäftigt bleiben und alles ernst nehmen.

Dabei ist Ihr inneres Kind der Schlüssel zu unendlichem Glück, Freiheit und Kreativität. Es kann notwendig sein, sich selbst zu reparieren, um Zugang zu diesen Dingen zu erhalten. Ihr inneres Kind verlangt von Ihnen, dass Sie seine schmerzhaften Erfahrungen anerkennen und verarbeiten.

Verschiedene Menschen gehen auf unterschiedliche Weise mit Kindheitstraumata um. Manche Menschen haben es, weil sie als Kinder schwer missbraucht wurden. Andere wurden von ihren Eltern auf subtilere Weise ausgegrenzt oder ignoriert, oder sie können sich einfach nicht in die Gruppe ihrer Altersgenossen einfügen.

Unabhängig davon, welche Art von Trauma Sie erlebt haben, kann die Arbeit mit Ihrem inneren Kind Ihnen helfen, wieder gesund zu werden. Bei dieser Arbeit geht es weniger darum, "in die Vergangenheit" zu gehen, sondern mehr darum, "nach innen" zu gehen. Michael Brown, der Autor von The Presence Process, sagt dazu:

"Die Vergangenheit ist nicht länger etwas, das "hinter uns" liegt und zu dem wir "zurückkehren" können. Die Vergangenheit ist vorbei. Andererseits bleiben diese unverarbeiteten emotionalen Ladungen als energetische Zustände in unserem Emotionalkörper eingeprägt. Wir gehen im Grunde "nach innen", anstatt "zurück" zu gehen. "Alle Antworten sind jetzt in uns."

Ihr inneres Kind ist immer bei Ihnen und bereit, Ihnen zu

helfen, die Dinge herauszufinden. Werden Sie auf das hören, was es sagt, und sich von ihm führen lassen?

Was ist Innere-Kind-Arbeit?

Der Begriff "Inneres Kind" stammt aus der Jung'schen Therapie. Carl Jung sagte, dass der Archetyp des Kindes" der erste Schritt auf dem Weg zum Individuum oder zur Selbstgestaltung ist.

Die Arbeit mit dem inneren Kind ist heute ein gängiger Bestandteil vieler Therapieformen, wie Transaktionsanalyse und Gestalttherapie. Die Arbeit mit dem inneren Kind basiert auf der Tatsache, dass jeder Mensch einmal ein Kind war. Die Teile von uns, die Kinder waren, verschwinden nicht einfach, wenn wir älter werden.

In Ihrem Unterbewusstsein lebt Ihr Kindheits-Ich immer noch weiter. Es zeigt, wie Sie waren und wie Sie waren, als Sie jung waren. Betrachten Sie es als eine Ihrer "Teilpersönlichkeiten" oder Teile Ihres Menschseins.

Wenn Sie mit Problemen konfrontiert werden, die Sie an etwas Schlimmes erinnern, das Ihnen widerfahren ist, wird oft Ihr inneres Kind hervorgeholt. Ihr kindliches Selbst hat das Sagen, bis Sie Ihre Erinnerungen an die Zeit als Kind verarbeitet und integriert haben.

"Das innere Kind ist ein Spiegelbild sowohl der "negativen" als auch der "positiven" Teile des Kindes, das wir einmal waren", so die Definition. Unerfüllte Bedürfnisse bringen Kinder dazu, ihre Gefühle zu verbergen, und wir haben immer noch die Unschuld, Kreativität und Freude von Kindern. Dies bedeutet, dass die Arbeit am inneren Kind (auch bekannt als Selbstaufarbeitung) zwei Komponenten hat.

Bei der ersten geht es darum, alle positiven Eigenschaften des inneren Kindes zurückzuerobern. Es geht darum, ohne ersichtlichen Grund spielerisch und fröhlich zu werden. Es geht darum, alberne Witze zu reißen und sich mit den Kindern zu amüsieren, sorglos und ganz im Augenblick.

Bei diesem Aspekt der Arbeit mit dem inneren Kind geht es darum, sich frei auszudrücken. Die meisten Menschen müssen sich jedoch auch mit den unterdrückten Erinnerungen ihres inneren Kindes auseinandersetzen.

Dies ist der zweite und oft schwierigere Aspekt der Selbstheilung. Er ist vergleichbar mit dem, was manche "Schattenarbeit" nennen. Kurz gesagt geht es darum, schmerzhafte Gefühle und Erfahrungen, die man lange Zeit unterdrückt hat, bewusst zu verarbeiten. Das kann überwältigend sein, besonders für diejenigen, die als Kinder nicht mit dem Nötigsten versorgt wurden.

Richard Barrett erklärt in seiner Theorie der psychologischen Entwicklung, dass wir alle, wenn wir in die menschliche Erfahrung eintreten, vor allem zwei Dinge brauchen. Das sind zum Beispiel körperliche Sicherheit und ein bestimmtes Gefühl der Akzeptanz und Zugehörigkeit. Wenn Ihre Eltern oder Bezugspersonen diese Bedürfnisse nicht erfüllen, können sie Sie Ihr ganzes Leben lang begleiten.

Sie können diese Bedürfnisse als Erwachsener befriedigen, indem Sie sich selbst neu erziehen. Dabei geht es darum, genau die Art von Eltern zu werden, die Ihr inneres Kind braucht. "Aber das bin nicht ich!", denken Sie vielleicht. Ich hatte eine gute Kindheit. Meine Eltern haben mich nie missbraucht. Sie waren verrückt nach mir. Wir hatten immer genug zu essen und einen sicheren Ort zum Leben."

Das Tückische daran ist, dass Ihre Eltern nichts besonders Schlimmes getan haben müssen, um Ihr kindliches Selbst zu prägen. Kindheitstraumata können ihre Wurzeln in den scheinbar harmlosesten Familiendynamiken haben.

Für Erwachsene ist es nur ein weiterer Tag, an dem sie Arbeit, Familie und soziales Leben unter einen Hut bringen müssen. Es könnte der Tag sein, an dem das Kind schwer verletzt wird. Dann tragen sie diese Wunden vielleicht bis ins Erwachsenenalter mit sich herum und geben sie an ihre Kinder weiter, ohne es zu wissen.

Trauma in der Kindheit und wie es entsteht

Das Wort "Trauma" ruft Bilder des Schreckens hervor. Man muss jedoch nicht unbedingt schwere Misshandlungen in der Kindheit erlebt haben, um traumatisiert zu werden.

Die Psyche eines Kindes ist so zerbrechlich, dass selbst kleine Ereignisse negative Auswirkungen haben können. In den Augen eines Kindes sieht alles anders aus. Da Kinder sich völlig darauf verlassen, dass ihre Bezugspersonen ihre Bedürfnisse erfüllen, kann eine kleine Nachlässigkeit als große Bedrohung empfunden werden.

Außerdem sind Kinder nicht in der Lage, ihre begrenzte Perspektive zu erkennen. Alles, was sie sehen, glauben sie. Ihre Interpretation des Lebens wird fast sofort zu ihrer

Realität.

Lassen Sie mich ein Beispiel anführen. Vor kurzem habe ich mit meiner Mutter über unsere Familienbeziehungen gesprochen. Wir sprachen auch über Kindheitstraumata und die Arbeit mit dem inneren Kind. Sie fragte mich, ob ich etwas über meine Kindheit wissen wolle, und sie erzählte mir von ihrer. Ich erkundigte mich nach einem potenziell traumatischen Ereignis, an das ich mich wahrscheinlich nicht erinnern kann.

Sie sagte unmissverständlich, dass etwas bis heute bei ihr geblieben sei. Als ich etwa zehn Monate alt war, fuhr mein Vater meine Mutter und mich für ein paar Wochen zu meiner Großmutter. Dann kehrte er zur Arbeit zurück.

Als er schließlich zurückkam, lag ich auf dem Bett, während meine Mutter mich ankleidete. Ich drehte mich genau in diesem Moment zu ihm um. Meine Mutter schwört, dass ich ihn erkannte und mich darüber aufregte, dass er uns so lange im Stich gelassen hatte.

Ich brach in Tränen aus. Ich schluchzte und schluchzte noch mehr. Ich wollte nicht, dass er mich stundenlang in seiner Gewalt hat.

Ich bin mir nicht sicher, ob mich dieser Vorfall traumatisiert hat. Ich weiß nur, dass ich als Erwachsene mit Verlassenheitsproblemen zu kämpfen habe. Als ich zum ersten Mal eine romantische Beziehung einging, hatte ich große Angst vor Zurückweisung.

Als Kinder wird uns oft beigebracht, unseren Schmerz zu verbergen, wenn wir solch traumatische Erfahrungen machen. Viele Eltern raten ihren Kindern, nicht zu weinen oder ihre Wut auszudrücken. Nur wenn wir fröhlich, lächelnd und höflich sind, wird uns gesagt, dass wir "gut" sind.

Traumata aus der Kindheit werden auf diese Weise unbewusst. Wenn man es lange genug vor anderen verbirgt, fängt man schließlich an, es vor sich selbst zu verbergen. Sie können sich vormachen, dass Sie es auf diese Weise "überwunden" haben.

In Wirklichkeit steuert das verletzte Kind in Ihnen weiterhin Ihr Leben. Es zwingt Sie zu Verhaltensweisen, die Ihr Glück untergraben, ohne dass Sie es merken. Das geht normalerweise so lange weiter, bis das Problem durch die Arbeit mit dem inneren Kind angegangen wird.

All dieses Gerede über Kindheitstraumata soll nicht dazu dienen, mit dem Finger auf Ihre Eltern zu zeigen - oder auf irgendjemand anderen, der Ihnen Schmerz zugefügt hat. Diese Menschen haben höchstwahrscheinlich ihr Bestes getan mit dem, was sie hatten und wussten.

Aufgrund ihrer Umstände haben sie es jedoch möglicherweise versäumt, Ihnen die nötige Aufmerksamkeit zu schenken.

Leiden gehört zur menschlichen Erfahrung dazu. Wir alle haben jedoch die Möglichkeit, durch - und an - unserem Leid zu wachsen. Sich selbst neu zu erziehen ist ein effektiver Weg, dies zu erreichen. Und Sie können gleich jetzt damit beginnen.

Befreien Sie Ihr inneres Kind und heilen Sie Ihr Trauma

Einige von uns suchen immer noch jemanden da draußen", der unsere inneren Kinder tröstet. Es ist leicht zu glauben, dass alles in Ordnung sein wird, sobald man den richtigen Partner, Seelenverwandten oder die richtige spirituelle Gemeinschaft gefunden hat.

Dies ist jedoch in der Regel nur eine Pflasterlösung.

Andere Menschen können Ihr inneres Kind nur dann trösten, wenn sie nach Ihren Erwartungen handeln. Alte Wunden kommen an die Oberfläche, wenn sie etwas tun, das nicht auf Ihrer Tagesordnung steht. Sie kehren zu Ihrem Leiden zurück.

Deshalb ist die Arbeit mit dem inneren Kind so wirksam. Sie befähigt Sie, Ihr Elternteil zu werden, indem Sie bewusst mit Kindheitstraumata arbeiten. Sie lernen, sich selbst die liebevolle Aufmerksamkeit zu schenken, die Sie zur Heilung brauchen.

Und Sie müssen sich dabei auf niemanden verlassen.

Obwohl es viele verschiedene Techniken gibt, lässt sich die Arbeit mit dem inneren Kind in drei allgemeine Schritte unterteilen: Verbinden, Kommunizieren und Füttern.

Zunächst müssen Sie das innere Kind erkennen. Wenn es unbemerkt bleibt, können Sie den Heilungsprozess nicht in Gang setzen.

Dann beginnen Sie, mit ihm zu sprechen. Eine bestimmte Art und Weise zu finden, um zu hören, was das innere Kind zu sagen hat, ist wesentlich, um Zugang zur Quelle Ihres Traumas zu erhalten.

Schließlich übernehmen Sie die Rolle eines fürsorglichen Elternteils. Sie geben Ihrem inneren Kind genau das, was es als Erwachsener braucht.

Die Arbeit mit dem inneren Kind wird häufig in Zusammenarbeit mit einem Therapeuten durchgeführt. Wenn Ihr Trauma jedoch nicht zu schwerwiegend ist oder Sie bereits etwas innere Arbeit geleistet haben, bin ich zuversichtlich, dass Sie einen Großteil dieser Arbeit allein bewältigen können.

Nachfolgend habe ich einige hilfreiche Hinweise gegeben. Obwohl ich meinen Heilungsprozess noch nicht abgeschlossen habe, habe ich viel gelernt.

Diese Empfehlungen beruhen auf meinen persönlichen Erfahrungen und der Arbeit mit meinem Therapeuten am inneren Kind. Ich hoffe, dass sie Ihnen eine Hilfe sein können.

1. Verbinden Sie

Vielleicht wissen Sie nicht, wo Sie anfangen sollen, wenn Sie sich entschließen, sich selbst zu reparieren. Wenn die Verbindung mit Ihrem inneren Kind rätselhaft klingt, habe ich gute Nachrichten.

Der erste Schritt kann sehr nützlich sein.

Das Hauptziel besteht darin, sich bewusster zu machen, wer Sie als Kind waren. Sammeln Sie dazu Informationen darüber, was Sie getan haben, wo Sie Ihre Zeit verbracht haben, was Sie mochten und wer Sie waren.

Sprechen Sie mit Menschen, die Sie damals kannten, z. B. mit Familienmitgliedern und Freunden aus der Kindheit, um weitere Informationen zu erhalten. Sie können sich auch alte Fotos von Ihnen ansehen. Achten Sie dabei genau auf die Details. Achten Sie darauf, was Sie anhaben, wie Sie stehen, mit wem Sie sprechen und so weiter.

Je mehr Sie an Ihre Kindheit denken, desto mehr können Sie sich in Ihre damalige Situation hineinversetzen. Zu wissen, wie du aussiehst, kann dir auch helfen, mit deinem inneren Kind zu sprechen, was der nächste Schritt in diesem Prozess ist.

2. Kommunizieren Sie.

Obwohl Ihr inneres Kind täglich mit Ihnen kommuniziert, kann es sein, dass Sie die Botschaften nicht verstehen. Wir übersehen selbst die offensichtlichsten Hinweise, wenn wir in unsere täglichen Routinen vertieft sind.

Deshalb ist es wichtig, dass Sie sich Zeit nehmen, um mit Ihrem inneren Kind zu kommunizieren. Dies kann durch Selbstfindungspraktiken wie Meditation oder Tagebuchschreiben erreicht werden.

Ich habe es mit Hilfe einer Visualisierungsübung mit meiner Therapeutin gemacht. Sie hat mich dabei angeleitet, aber Sie können es auch allein tun.

Schließen Sie die Augen und setzen Sie sich in einen ruhigen, bequemen Raum. Stellen Sie sich vor, Sie wären ein 5- bis 7-jähriges Kind - oder in welchem Alter Sie glauben, dass Ihr Trauma stattgefunden hat. Erlauben Sie dem Kind, seinen Kummer auszudrücken. Erlauben Sie ihm, zu weinen, zu schreien oder zu tun, was immer es möchte.

Es kann auch hilfreich sein, sich eine bestimmte Umgebung oder Personen vorzustellen, von denen Sie glauben, dass sie mit Ihrem Trauma in Verbindung stehen, z. B. Ihre Eltern. Je konkreter Sie diese Übung durchführen, desto leichter wird es Ihnen fallen, sich in das innere Kind einzufühlen.

Wenn Sie Ihr inneres Kind lebendig vor Augen haben, können Sie sich folgende Fragen stellen:

- Was denkt das Kind, das vor Ihnen steht?

- Was verlangt es?

- Wofür verurteilt, beschuldigt oder beschämt es sich selbst?

- Was sind Sie bereit, ihm in diesem Moment zu verzeihen?

- Was könnten Sie sagen, um das Kind zu ermutigen?

Sie müssen nicht alle diese Fragen auf einmal stellen. Ihr Kind wird einen Unterschied bemerken, auch wenn Sie nur eine Frage stellen. Es wird den Eindruck haben, dass sich jemand Sorgen macht.

3. Entwickeln Sie

Der letzte Schritt besteht darin, Ihrem inneren Kind das zu geben, was es am meisten braucht. Dabei geht es oft darum, die beiden emotionalen Bedürfnisse zu befriedigen, die wir alle in unseren ersten Lebensjahren haben: das Bedürfnis, sich sicher zu fühlen und das Bedürfnis, sich geliebt zu fühlen, egal was passiert.

Sie können dies tun, indem Sie mit der Visualisierungsübung aus dem letzten Schritt fortfahren.

Stellen Sie sich vor, wie Sie Ihr Kind in den Arm nehmen, ihm die Haare streicheln oder etwas Liebevolles für es tun. Indem Sie sich dies vorstellen, versetzen Sie sich in die Rolle des Elternteils. Sie vermitteln Ihrem inneren Kind das Gefühl von Liebe und Geborgenheit, das es so dringend braucht.

Die Stärkung positiver Selbstgespräche und Überzeugungen ist eine weitere Möglichkeit, Ihr Kind zu nähren. Das ist etwas, was ich gerne vor einem Spiegel mache. Das gibt mir einen visuellen Hinweis, der es mir ermöglicht, mein inneres Kind nach außen zu tragen und mich wie ein liebevoller Elternteil um es zu kümmern.

Setzen Sie sich vor den Spiegel und betrachten Sie sich. Vergessen Sie nicht, dass dies dieselben Augen sind, die Sie als Kind hatten. Sie können Ihnen helfen, mit Ihrem inneren Kind in Kontakt zu kommen.

Was müssen sie hören?

Sie können es laut aussprechen oder in Ihrem Kopf denken. Verwenden Sie auf jeden Fall die Worte und den Tonfall, die ein fürsorgliches Elternteil verwenden würde. Denken Sie daran, dass Ihr inneres Kind aufmerksam ist.

Was du sagst, könnte ihm helfen, seine vergangenen Verletzungen zu überwinden. Es wird bald unschuldig und fröhlich zum Spielen herauskommen.

KAPITEL 12

WAS IST SPIRITUALITÄT?

Spiritualität ist ein großer Begriff, der auf viele verschiedene Arten verstanden werden kann. Im Allgemeinen bedeutet sie, dass wir das Gefühl haben, zu etwas Größerem als uns selbst zu gehören, und dass wir nach einem Sinn für unser Leben suchen. Folglich ist es etwas, das jeder durchmacht und das uns alle betrifft. Eine spirituelle Erfahrung kann als heilig, transzendent oder einfach als ein starkes Gefühl, lebendig und mit allem verbunden zu sein, bezeichnet werden.

Das spirituelle Leben mancher Menschen ist untrennbar mit ihrer Zugehörigkeit zu einer Kirche, einem Tempel, einer Moschee oder einer Synagoge verbunden. Andere finden vielleicht Trost im Gebet, in einer persönlichen Beziehung zu Gott oder einer höheren Macht. Wieder andere suchen den Sinn in ihrer Verbindung zur Natur oder zur Kunst. Ihre Definition von Spiritualität kann sich im Laufe Ihres Lebens ändern, wenn Sie sich an Ihre eigenen Erfahrungen und

Beziehungen anpassen, ebenso wie Ihr Sinn.

Spirituelle Anliegen

Viele Menschen verbinden Spiritualität mit Fragen zum Leben und zur Identität, z. B. "Bin ich ein guter Mensch?"

- Was ist die Bedeutung meines Schmerzes?

- Welche Beziehung habe ich zur Welt um mich herum?

- Gibt es für Ereignisse einen Grund?

- Wie kann ich mein Leben in vollem Umfang leben?

Religion und Spiritualität und ihr Verhältnis zueinander

Spiritualität kann zwar religiöse Elemente enthalten, ist aber im Allgemeinen ein umfassenderes Konzept. Religion und Spiritualität sind nicht gleichbedeutend und auch nicht gegensätzlich. Am besten veranschaulichen Sie dies, indem Sie sich zwei sich überschneidende Kreise vorstellen:

- Die Fragen der Spiritualität lauten: Wo finde ich Sinn, Verbindung und Wert?

- Die Fragen in der Religion lauten: Was ist wahr und richtig?

Die individuelle Erfahrung ist der Punkt, an dem sich die Kreise überschneiden und die Art und Weise beeinflussen, wie Sie denken, fühlen und sich verhalten.

Spiritualität und emotionales Wohlbefinden

Beim Lesen werden Sie feststellen, dass viele Praktiken zur Kultivierung von Spiritualität auch zur Verbesserung des emotionalen Wohlbefindens empfohlen werden. Alle Aspekte des Wohlbefindens, einschließlich der emotionalen und spirituellen, beeinflussen und überschneiden sich, weshalb beide so eng miteinander verwoben sind.

Frieden, Ehrfurcht, Zufriedenheit, Dankbarkeit und Akzeptanz sind positive Emotionen, die aus einer spirituellen Suche nach einer Verbindung zu etwas Größerem als sich selbst resultieren.

Die Aufrechterhaltung eines gesunden emotionalen Zustands erfordert die Entwicklung einer Weltanschauung, die es Ihnen ermöglicht, Ihren Platz in einem größeren Ganzen zu sehen und zu schätzen. Daher sind das Spirituelle und das Emotionale nicht dasselbe, sondern tief miteinander verwoben.

SCHLUSSFOLGERUNG

GLAUBENSSÄTZE BESTIMMEN IHR LEBEN

Wir alle haben Überzeugungen, vom Weihnachtsmann, wenn wir Kinder sind, bis hin zu Gott oder der Religion, wenn wir erwachsen sind.

Überzeugungen und das, was wir in verschiedenen Bereichen unseres Lebens glauben, prägen unsere täglichen ENTSCHEIDUNGEN.

Andere Überzeugungen beeinflussen unsere Entscheidungen, z. B. in Bezug auf Beziehungen, Freunde, Ernährung und Lebensstil. Wir werden nie in der Lage sein, sie zu ändern und die Qualität unseres Lebens zu verbessern, wenn wir uns ihrer nicht bewusst werden und nicht wissen, wie sie unser Leben beeinflussen.

1. Selbstwertgefühl

Was denken Sie von sich selbst? Glauben Sie, dass Sie

unbegrenzte Fähigkeiten und Möglichkeiten haben, oder glauben Sie, dass Sie nur begrenzte Fähigkeiten und Möglichkeiten haben? Vielleicht glauben Sie, dass "Geld nicht auf Bäumen wächst" oder dass "Kinder eher gesehen als gehört werden sollten". Einige dieser Überzeugungen wurden uns von unseren Eltern, vielleicht auch von ihren Großeltern, überliefert und mögen wahr sein oder auch nicht! Wir glauben jedoch weiterhin daran, weil es "alles ist, was wir wissen" und weil es "erlerntes Verhalten" ist.

Wenn wir uns nicht mit diesen Glaubenssätzen auseinandersetzen, können sie sich täglich auf Ihr Leben und Ihre Entscheidungen auswirken - von einem Moment zum anderen.

Nehmen Sie sich heute die Zeit, für jeden der oben genannten Bereiche eine positive Aussage oder Überzeugung aufzuschreiben.

Hier sind ein paar Beispiele:

1. **VERTRAUEN IN SICH SELBST** - "Ich bin genug, ich liebe mich selbst und ich schätze mein Leben."

2. Eine POSITIVE Überzeugung zur Ernährung - "Ich

genieße es, alle Lebensmittel in Maßen zu essen, mich so natürlich wie möglich zu ernähren und Alkohol in Maßen zu trinken."

3. Ein POSITIVER Fitness-Glaubenssatz - "Wenn ich mir die Mühe mache, 10 Minuten am Tag zu trainieren, spüre ich immer die Vorteile und bin froh, dass ich es getan habe."

"Sie haben jetzt alles, was Sie brauchen, um Ihre Lebensqualität zu verbessern", glaube ich nach der Lektüre dieses Buches.

Was meinen Sie dazu?